オウム信者脱会カウンセリング

虚妄の霊を暴く仏教心理学の実践事例

著：林久義

オウム信者脱会カウンセリング

虚妄の霊を暴く仏教心理学の実践事例

目次

出版に寄せて　オウム真理教家族の会 会長　永岡弘行

本文はオウム信者脱会カウンセリングについて、小生がオウム真理教被害者の会（現家族の会）会長として、永岡弘行にメッセージを依頼されましたので、ここに書きしたためたものです。これは私の私心としてご理解して頂くようお願いします。

まず始めに甚だしいですが、このようなオウム信者のカウンセリングの本が出版されます事に対し御礼申し上げます。本当に有難うございます。今まで、なぜ家族の視点に立ったこの様な本が出てこなかったのか残念でなりませんでしたが、この度の出版でオウム信者も含め親の心の中に入ります様、心待ち致します。

今現在の小生の日常は、オウム信者高橋克也の裁判の証人出廷、特別傍聴に明け暮れしております。オウムからのＶＸガス襲撃によって右半身のシビレ等も有り、甚だ書く事がままならず申し訳ありませんが、私の考えを率直に申し上げます。

脱会に成功した家族は、皆一様に最善を尽くしてこられました。これからも現役オウム信者をもつ家族の皆様がベストを尽くす事が必要です。先生方のご指導の下、これからも脱会への道のりは長くかかるかもしれませんが、諦めず取り組んで頂きたいと願います。私の場合は本当に幸運にも、対話の中で麻原のウソを暴くこともでき、脱会に成功しました。家族の会の中には様々な意見や声があります。その声を聞きながら、家族の会としては、子供全員を脱会させることが目標です。

オウムに対する観察処分継続を監督官庁に出すに当たり、オウムが進出した出先の住民の反対運動をして居る団体や多くの方々に対し、当事者で有る我々が主体になることができずにいることをお詫び致します。小生の不徳のいたす所です。

これからも、多くの方々から家族の会にご理解をいただけますよう、心よりお願い致します。

平成二十七年二月

オウム真理教家族の会(旧被害者の会)会長　永岡弘行

はじめに

私は一九八三年以来、米国カリフォルニアのオディヤン寺院にて、師タルタン・トゥルクからチベット仏教ニンマ派に伝わるゾクチェンの教えと瞑想を学んでいる。一九五九年、チベットは中国共産軍に侵略され、その後一九六九年にアメリカに亡命した師は、欧米において心理学者や科学者などの幅広い知識層に受け入れられていった。特に、ボディワークやセラピーの技法を取り入れた仏教心理学の理論と実践が注目され、今では彼が設立した学校、ニンマインスティチュートには多くの欧米人が学んでいる。

一九九五年、オウム真理教によって地下鉄サリン事件が引き起こされた。私は一連のオウム事件が日本仏教史において最悪のトラウマ的悲劇だと一仏教徒として憂い、その春、師の許可を得て日本に帰国した。

私はそれ以来、オウム信者の脱会カウンセリングを行っている。

坂本弁護士一家殺害、松本サリン事件、地下鉄サリン事件での無差別大量殺人、教団内リンチ殺人、拉致、誘拐、監禁、銃器や薬物の密造など、オウム真理教によって引き起こされた一連の凶悪な事件の全てはオウム真理教の教祖、麻原彰晃が語る誤った仏教教義によって引き起こされた事件であった。特に麻原彰晃はチベット仏教の名の下で、無差別殺人事件を引き起こした。そして、今もオウム信者たちは、オウムの教義がチベット仏教だと信じている。

オウム事件の強制捜査以降、私はオウム信徒救済ネットワークの発足と共にこれに参加し、オウム信者に対してのマインドコントロールを解く脱会カウンセリング活動が始まった。三〇数年間に亘る私の伝統的なチベット密教修行の経験と仏教心理学的アプローチから、私はオウムの教義的行法的問題を指摘し、信者たちの声を聴き、社会復帰への助言を行っている。また、未だ教団に残る現役信者の親や家族の相談を受け、その対応などの対話を重ねている。

オウムのカウンセリングと聞くと一般の人には「おまえはオウムの味方か」と誤解されるが、脱会カウンセリングとは現役信者を教団から脱会させる目的を持つため、むしろオウム教団から敵視されるほどの危険を伴ったボランティア活動である。

私はオウム信者の脱会カウンセリングの中で、一貫してオウムを突き抜ける道を示してきた。それは本来、オウムの信者が最も大切にしてきた純粋な向上心、菩提心を保ち続けて、精神修行を歩み続けることである。オウム教団が行った反社会性や犯罪性は決して許されるものではないが、オウム信者一人ひとりが持つ精神性を求める「菩提心」は何らやましいものではない。私は、これを「オウムを突き抜ける道」だと信者一人ひとりに語り、脱カルトの可能性を感じている。

本書は、私が二〇年に及ぶオウム信者の脱会カウンセリングを行ってきた活動の軌跡である。

カルトの脱会カウンセリング対策と研究は、キリスト教系カルト「統一教会」に対し、同じキリスト教の土台を持つ様々な教会の牧師たちがネットワークを組み、脱会カウンセリングの実績と結果を示している。しかし、オウム事件以後、キリスト教の牧師たちがオウム信者の脱会カウンセリングに立ち上がるも、仏教やヨーガを標榜するオウム真理教の脱会カウンセリングに対して、牧師たちは宗教観や教義の違いから困難に直面していた。また、日本伝統仏教の僧侶たちも脱会カウンセリングを行っているが、特にクンダリニーヨーガ、チャクラといった密教の理論や行法などがネックとなっていた。このような状況で、私はチベット仏教の視点からオウム信者の脱会カウンセリングに参加することになった。

オウム真理教の脱会カウンセリングは、未だ手探りの段階である。これが正しいといったマニュアルも技法も理論も何も確立してはいない。しかし、現場は待ってくれない。オウム信者の脱会カウンセリングは、主に現役信者に対してと、教団を離れた元信者が対象となる。状況ごとに問題の根は違い、各ケースごとに出口は異なるが、オウム信者との対話を重ねる中で、見えてきたこと、可能性を感じてきたこと、閉ざされた信者のマインドコントロールが解れる視点など、一つひとつの体験の積み重ねからの経験智を組み立ててゆくことになった。

凶悪なオウム事件の犯罪は、教祖以下数十人の実行犯によって行われた。また、言われるがまま事件を起こしてしまった信者たちもマインドコントロールをかけられ、オウム独自のカルト教義に染められていった。しかし、当時千人以上いたオウム信者のほとんどが、教団内で凶悪な計画を実行するためにどのような準備がなされていたのか、何を起こそうとしていたのか、その実態を知らない。

それ以上に、オウム真理教の実態は「日本シャンバラ化計画」という国家転覆テロを実行するために、場当たり的ではあるが、一連のオウム事件を引き起こしたテロ集団であったと考える。オウム事件とは、「日本シャンバラ化計画」という国家転覆テロの全体像から光を照らさない限り、個々の事件の真相を探っても事件の本質は明らかにはならない。そして、その計画を何も知らないオウム信者たちを国家テロの戦士とするために、「イニシエーション」と偽り信者たちに薬物を投与しクローン戦士へと改造しようとしたオウム的精神構造と闇の社会構造の関係を深く掘り下げなければ、オウム問題の本質は見えてこない。オウム信者は麻原教祖のクローンと化し、国家テロへの戦士へと改造される恐るべき計画であったのだ。

多くの信者は、オウムの教えはインド仏教以来の正統な教義だと信じ、真剣に解脱を求めてきた。彼らは麻原教祖を「最終解脱者」、最高のグルだと信じ、人類を救済したいと修行に励んできた。オウム事件の一番の不幸は、「ハルマゲドンから人類救済」と導く狂気の教祖とその誤った教義に根本的問題があったのだ。

このオウム教義の中に隠されたマインドコントロールの実態を、本書では「虚妄の霊」と呼ぶ。それはオウム独自のカルト教義が作りだした狂気の妄想、実態のない闇のような霊ではあるのだが、その「虚妄の霊」が国家転覆テロを実行し、多くの犠牲者を出した現実がある。

この「虚妄の霊」からオウムを解く霊的視点は、オウムの誤った仏教理解を正す目的でもあり、オウムの実態を暴く私自身のチャレンジでもある。

私は、オウム信者脱会カウンセリング活動を通して、彼らに一貫した姿勢を示し、語りかけてきた。それは「オウムの教義には、仏教の解脱へと至る空性の理解がないこと」だ。それ故に「オウムを突き抜け、本来の菩提心と空性の智慧を育む道へと突き進むこと」を提示してきた。大乗仏教は社会の中で生きる道だ。「出家」よりも「出離」の道を歩もうと。

もう一つの活動は、オウム信者を子供に持つ親の苦悩へと気持ちを向けるものである。現役信者を子供に持つ家族が集まり「オウム真理教家族の会」が結成された。私はこの「オウム真理教家族の会」に関わり、カルトに子供を奪われ苦悩する親や家族の相談を受け、共に親子問題、家族問題、社会問題、そしてカルト問題を考えてきた。

本書は、このようなオウム信者脱会カウンセリング活動の実践事例として、今後も多くのカウンセラーたちにとっての、未だ解決されていないオウム信者の脱会活動への参考となり、カルト問題解決の一助となればと願って筆を執った。

なお教団表記は、事件後アレフに名称を変更したとしながらも、ここでは「オウム真理教」と呼称し、「オウム真理教アレフ主流派」「オウム真理教ひかりの輪上祐派」と区別した。

私はオウム事件以後、様々なメディアからの取材を受け、その折々に情報提供をし問題提起をしてきたが、オウム信者の脱会カウンセリングの実態と親の苦悩はなかなかテーマにしづらいものであった。しかし、オウム事件から二〇年が経過した今、事件の背景を照らすことはもちろんのことだが、そこに生きている信者や家族の人間模様を世間が正確に理解できる事実を提示したい。オウム真理教というカルトに翻弄された親や家族の苦悩という視点から、オウム問題の本質を見据えることは重要である。私たちは様々な角度から、このオウム問題の本質、カルト問題の本質を考えてゆかなければならない。

このような思いからオウム信者脱会カウンセリング活動に関わり、私が見てきたオウム問題を語ることとなる。それは、「虚妄の霊」というオウムの闇に光をあてる作業でもある。

第一章　虚妄の霊

虚妄の霊　カルトマインドの深層心理

飛騨山中の三月は節句を過ぎたといえまだ雪深く、日中でも氷点下の日が続く。そんな極寒の地に住む私の処に、数年前、一人の男性が訪ねてきた。彼は元オウム信者。一九九五年の一連のオウム事件で重大な犯罪を犯し、裁判の判決を受け刑に服した。十数年の刑期を終え晴れて出所し、裁判で証人に立った私へのお礼にと来訪したのだった。

弁護士からの依頼で彼の裁判証人に立ち、オウム教義の間違いを指摘し真の仏法を学び直してほしいと、私は彼へ語りかけた。当時拘留中の彼とは面識も対話もなく、この来訪が実質初めての彼との会話であった。高学歴のエリートコースとして就職しながらも、オウム教団に誘われ入信。そのまま教団内部でどのような狂気の計画が練られているかを知ることもなく、幹部に指示されるままに事件を起こしてしまった。二〇代三〇代というまさに人生の貴重な時を刑務所で暮らし、出所しても仕事がなく、年老いた両親と同居しながら生き方を模索している人生の暗闇の中で、遠く雪深い飛騨の地まで訪ねてきた。

拘留中や刑務所での体験談、両親への感謝の思い、学生時代の良き思い出、そしてオウム入信の経過など、礼儀正しく物静かな彼の語らいの中にも、私は何とも言えない彼の思考の置き処が気になっていた。それは、全ての思いや感情があるフィルターを通して語られ、健全な意思というよりはむしろ、逆に何かに支配されている様な精神的不安定さ、怯えや恐怖にも似た、自我を引き裂かれたかのような精神状態が、声のトーン全体に醸し出されていた。

「派遣やアルバイトの仕事がうまくいかない」「外出しても他人の目が気になる」「これから何か将来の計画を立てようとしても自信がない」など、社会復帰の困難さを吐露するのだが、私は彼の心の奥に巣食っている奇怪な意識を感じ取った。

私は服役中のオウム信者に脱会カウンセリングを行うことで、脱会へ導いた幾つかのケースがあるのだが、残念ながら彼とはその縁がなかった。

「君とは、今までにカウンセリングや会話をする機会もなく、実際、今初めて心を割って話をしているんだが、君の心の奥には、何かが取り憑いているような「ある意識体」を感じるんだ。それは「麻原の意識」ですか？」と問う。

「・・・はい。教団にいた時や裁判中、また服役の始めのころは、尊師がいつも私に語り掛け、グルの声に従っていました。しかし、服役している間に、そのグルの意識を支配しているもっと上位の神が語りかけてくるようになったのです。それは、＊＊＊神という高次の霊体です。＊＊＊神は麻原をも支配していたのです。

今では、私の毎日の行動を支配し、私が自分の判断で行うことを全て邪魔をし、上手くいかないように仕掛けてくるのです。私は＊＊＊神の支配に従うしかなく、今では＊＊＊神の存在が私の意識の中心にいます」

三時間以上にも及ぶ彼自身の世間的な内的葛藤の吐露の末、やっとその深層に巣食う霊体の存在を、彼は語り出した。その霊体の存在を、彼は誰にも語ることができず、たとえ語ったとしても世間では相手にされることはなく､単なる気狂い扱いされるだけだと感じ、周囲とコミュニケーションをとることもなく、刑務所でも出所後も寡黙を貫いていたのだ。

私には彼の意識の中に「存在」する＊＊＊神が絶対的な存在として君臨し、彼を支配し命令を下すオウム的な「精神構造」「深層心理」として読み取った。この「深層心理」は、カルト理論では「カルトマインド」と呼べるものなのであろうが、オウム信者特有の「特殊な霊的思考体系」を、私は「虚妄の霊」と呼ぶ。ここに表記する＊＊神とは、シバ神やブッダという宗教的な存在では全くない。

それは、オウム的精神構造が産み出した「虚妄の霊」だ。

彼は確かな存在の確信としてこの霊をある固有名詞で語っているが、あえて＊＊＊としたのは、何の実態もない迷える自我の創作に過ぎないものとして、また、その想像が社会的な実態を持ち始めることを避ける為、あえて＊＊＊と表記した。

この「虚妄の霊」の元凶は、社会に対しての恨みと野望を持った松本智津夫という自我が、「麻原彰晃」というカルト教祖を産み出し、教団内で集団化した「妄想」「幻影」「虚偽」「虚勢」の「影の実態」である。影には実態などない。しかし、その「虚妄」が社会に刃を向け、多くの人々を傷つけた「我が国の犯罪史上最も凶悪な犯罪集団」、ヨーガ、仏教、宗教を標ぼうするオウム真理教として増殖していった。


地下鉄、松本両サリン事件などの無差別テロを引き起こしたオウム真理教には、当時約九千人の出家在家信者がいた。そのオウム真理教が東京の地下鉄でサリンを散布し、十二人を殺害し、約五千三百人を負傷させ、その他にも数々の凶悪な事件を起こしていった。

「オウム事件の闇」とよく言われる。しかし、公的機関や多くの学者、文化人、メディアがオウム問題の真相を解こうとするのだが、この「虚妄の霊」の存在抜きでいくら事件を語ろうとも語りつくすことはできない。深層の「核」を見失っているからだ。むしろ、オウム問題を解き明かすには、その深層に巣食う精神構造を見抜かなければならない。それを私は「虚妄の霊」と呼ぶ。

本書で語られる内容は、私が関わったオウム信者脱会カウンセリング活動の足跡である。この脱会カウンセリング活動の根底には、「虚妄の霊」をキーワードとして、オウム信者の蒙昧に光を当て、闇を晴らし、この「虚妄の霊」の実態を暴こうとする思いがあった。精神の道を求める多くの純粋な若者たちが、オウムというカルト的精神構造に支配され、「虚妄の霊」に取り憑かれた狂気の集団、「日本犯罪史において最悪の凶悪事件」と言われる犯罪集団と変貌していった。

その過ちを正し、脱会へと導き社会復帰への手助けをすること、それが私が二〇年に及び活動してきたオウム信者脱会カウンセリングだ。

日本シャンバラ化計画　無差別大量殺戮計画

オウム真理教事件は、坂本堤弁護士一家殺害事件、滝本太郎弁護士サリン襲撃事件、自動小銃密造事件、松本サリン事件、男性現役信者リンチ殺人事件、駐車場経営者ＶＸ襲撃事件、会社員ＶＸ殺害事件、被害者の会永岡弘行会長ＶＸ襲撃事件、公証人役場事務長逮捕監禁致死事件、地下鉄サリン事件、新宿駅青酸ガス事件、東京都庁小包爆弾事件など、死者二九人負傷者は六千人を超える多数の被害者を生み、社会的影響を与えた「日本犯罪史において最悪の凶悪事件」と言われている。

教団の幹部たちだけなく、その指示に従った信者一八九人が起訴され、十三人の死刑判決と五人の無期懲役判決が確定している。

これら一連のオウム真理教事件は殺人や殺人未遂といった個別の事件ではなく、日本国を転覆させ国家を支配する計画、「日本シャンバラ化計画」の下に行われた。オウム事件は単なる刑事事件ではない。日本国家へのテロ計画として実行された犯罪、「国家的テロ事件」であったことを直視しなければならない。

「日本シャンバラ化計画」とは、国家転覆テロを起こした後、天皇を排除し、麻原彰晃を「神聖法皇」とする。国家の憲法に相当する基本律の草案を立て、日本をオウム真理教の専制国家「麻原の支配する理想国家」にする構想であった。そして、更には世界征服をも計画していたことが、後の裁判証言で明らかになっている。この狂気の計画を荒唐無稽と笑うことはできない。国家転覆テロ計画は着実に進んでいたのだ。

この「日本シャンバラ化計画」の全容の実態は、分かるほどに恐ろしい計画であった。それは、ロシアから輸入した教団所有の軍用ヘリコプターを使って、東京上空から七〇トンのサリンを散布し、天皇・閣僚・国会議員を含む東京都民を大量殺戮する計画であった。その後、全国をヘリコプターで飛び回り、日本各地の主要都市にもサリンを散布する。その混乱に乗じて、国家機能が麻痺した山手線内を自動小銃や爆発物で武装したオウム信者たちが武力制圧をし、新政府「オウム国家」を樹立するというものであった。

「無差別大量殺戮計画」による日本国の国家転覆計画、「日本シャンバラ化計画」が本気で実行準備されていたことは驚愕である。上記の一連のオウム事件の延長線上には、国家転覆計画「日本シャンバラ化計画」が最終目標としてあった事実を認識しなければならない。

そのためにオウム教団は、信者やその家族から財産を収奪し巨額の資金を得てきた。公証人役場事務長刈谷さんは財産収奪を防ごうとしたために拉致され、監禁致死となった。また鉄工所を乗っ取り、自動小銃の製造工場としてオウム信者を働かせ、自動小銃ＡＫ７４の武器製造事件が起きた。ヨーガや仏教を求めて入信したオウム信者たちは、ＬＳＤなどの薬物によってマインドコントロール、洗脳され、テロ計画の戦士として訓練され、軍事行動を実行する計画が着々と進められてきた。

そして、何よりもサリン製造を目的とした巨大なプラント「第七サティアン」を建築し、プラントの一行程の製造によって七〇トンのサリンが完成する寸前となっていた。サリン、ＶＸガス、ホスゲン等の化学兵器を製造する技術を持ったオウム教団は、滝本太郎弁護士やオウム被害者の会永岡弘行会長、ジャーナリストの江川紹子氏などオウム教団に敵対する人物に対し、次々と抹殺する計画を実行し、数々の殺人事件、殺人未遂事件を起こしていった。

そして一九九五年三月二〇日、警察による教団への強制捜査を撹乱するため、東京地下鉄日比谷線霞ケ関駅をはじめとする朝の通勤電車や駅ホームにサリンをばらまき十三名の死者と多数の負傷者をだす地下鉄サリン事件を引き起こした。これは「犯罪史上最も凶悪な犯罪事件」となった。

このような無差別殺人、殺人未遂が「日本シャンバラ化計画」として本気で実行されていた事実を、私たちはもっと真剣に捉えなければならない。オウム真理教という集団と思想、その精神構造を私たちはもっと深く理解し対応すべきだったのではないのか。事件から二〇年経った今もまだ、問われている。

織田信長に憑依した欲界第六天魔王

日本において世界を支配し、王になることを試みた歴史上の人物として、織田信長が挙げられる。織田信長は、旧体制である天皇制をも否定し、自分が天皇に変わって日本の支配者、王になろうとした。そして、この織田信長には、天界の中の欲界、第六欲天の最高位の他化自在天、ヒンズー教のシヴァ神、第六天魔王の霊が憑いたと言われている。天魔波旬とも言われるこの天魔とは、衆生が持つ食欲、睡眠欲、色欲（性欲）、名誉欲など煩悩から生じる様々な欲があるが、中でも世界をコントロールしたいという「支配欲」がこの欲界の中でも最上位の第六欲天に住し、天魔と言われる霊体なのである。

その天魔の霊体が織田信長に憑依し武力を持って世界を支配しようと、多くのジェノサイド（大量虐殺）が行われたという霊的視点から見ることができる。また、信長自身が第六欲天魔王と自らを名乗ったとも言われている。中でも比叡山の徹底的な焼き討ちによって旧勢力の破仏（仏教弾圧）を行ったことは、仏教勢力の一大恐怖となり、次の標的とみられていた高野山の僧侶たちが震え上がった。高野山は敵対する信長を討つため、数ヶ月に渡って「調伏護摩（仏敵を討ち滅ぼす祈祷）」を行ったと伝えられている。そして最後に、調伏護摩壇の炎の中から信長の生首が三つ現れた。本能寺で信長が明智光秀によって討たれたことが、調伏護摩祈祷での「霊験」であると、高野山では伝えられている。

この調伏護摩のよる祈祷は「五大尊五大檀護摩」であった。調伏護摩とは、三角の護摩壇を用いて仏敵を退散させることである。弘法大師空海は、調伏護摩祈祷を禁じたとされているが、高野山は信長による弾圧の存亡の危機を調伏護摩によって回避した。

信長に対する調伏護摩の祈祷は数ヶ月に及び、様々な秘法が行われたと伝えられているが、中でも「五大尊五大檀護摩」による修法では、「五大尊五大檀護摩次第」と「如宝愛染王法」が行われたと記されている。高野山での密教秘法の神変加持によって、仏敵であり天魔波旬と自ら名乗る信長の高野山への破仏が回避されたのだ。この五大尊の中でも降三世明王はシヴァ神を踏みつけていることで知られ、降三世明王の異名は「三千世界の支配者シヴァを倒した勝利者」と呼ばれている。

シヴァ神を信仰するとされている麻原に、欲界の六欲天、天魔が取り憑いたのかどうは、今後の考察を深めてゆくとする。また、呪詛の問題も考察されなければならない。これは、後の章で熟考するとし、ここでは天魔という霊体を密教秘法によって打ち破ったという視点を確認することに留めておきたい。

現オウム教団の情勢分析　黒魔術儀礼串刺し写真

二〇一三年七月、オウム真理教から名前を変えた主流派「アレフ」の施設で、公安調査庁が団体規制法に基づいての立ち入り検査を行った。そこでは、刃物で串刺しにされた公安調査庁長官、弁護士、警察官、民間人らの顔写真十六枚の写真の束が見つかった。公安調査庁の発表では、顔写真は長さ十センチほどの小刀のようなもので串刺しにされ、施設内のシヴァ神の祭壇近くに置かれていた。公安調査庁は、「教団の持つ危険性、反社会的体質は変わっていない」として、引き続き教団の活動実態を把握していくと発表した。

私はこの串刺し写真の事実は、教団内で黒魔術儀礼が行われたと推則し、公安調査庁には私の見立てを報告している。公安調査庁では、これは公安調査庁や弁護士など敵対する者を煽る悪いイタズラだと捉える意見もあるが、事象を霊的な視点から見るならば、この事象から今のオウム教団の精神的実態が伺い知ることができると考える。

この事象を「いつ、どこで、誰が、何を、なぜ、どうした」という疑問に合わせて見るならば、この儀礼は「サリン事件から二〇年近く経った今も、オウム教団施設内で、オウム信者が、麻原教祖を崇拝し、対象者の写真を串刺しにして、呪殺を祈る黒魔術を行った」となる。

これは、古来から黒魔術として慣行されてきたことではある。儀式とは「霊体」「祭主」そして「祈り」という三つの関係で成り立つ。この構図から推察すると、この黒魔術で行われた霊体の存在が何で、祭主は誰だったのか、ということに注目したい。つまり、オウム信者の指導的幹部が祭主となり、儀式を取り仕切り、黒魔術の儀礼を実行したことで、今の教団内の運営構造と精神性を伺い知ることができるからである。

そして公安調査庁の報告では、シヴァ神の祭壇に麻原死刑囚の肖像画が祀られていたと報告されている。オウムにとって麻原教祖はシヴァ神が具現化した存在、降臨した儀礼主の霊体であると位置付けされているのである。儀礼関係から見ると、祭主が儀礼主の霊体とコンタクトし、その「霊験」を得る目的で儀式が行われた。つまり、オウム幹部の祭主が麻原という霊体を呼び出し黒魔術を行い、十六人の呪殺を祈ったことになる。

毎年定期的に行われる主流派「アレフ」の集中セミナーでは、殺人肯定理論が説かれている「改訂版特別ヴァジラヤーナ教学システム教本」を現在も使用し、「一番大切な存在は麻原尊師。家族や親友とは比較にならない。全力で修行に集中し、グル(麻原)のデータを蓄積しなさい」「グルの教えと真理の道以外に私たちが得る道はない」などと、麻原への絶対的帰依の重要性を強調する説法を行っている。また、麻原が収容されている東京拘置所の周りでは、信者たちが「巡礼」と称して周回し、麻原の延命祈願を行っている。

この「麻原の霊体」を呼び出す祈祷の傾向性は、今後もさらに強くなっていくであろうし、仮に麻原死刑囚が死刑となれば、この「麻原の霊体」がさらに強力な「霊的存在」として教団内で力を増してゆくであろうことに強い危惧を感じる。

公安調査庁の報告によると現在のオウム真理教は、主流派「アレフ」と上祐派の信者数は計約一六五〇人(二〇一四年十一月)で、現金等の資産は約六億九千万円を保有している。また今なお、ロシア国内の信者数は約一六〇人おり、積極的に幹部たちをロシアに派遣し、オウムの教えと修行を推進している。

「ヒト、モノ、カネ」のカルト

カルトは「ヒト、モノ、カネ」の三位一体の要素が揃って、組織的力を増すと言われている。オウム信者が千人以上に増え、バイトや派遣とはいえ毎月十万円であっても稼ぎ出す信者たちの労働力が資金源となり、今では豊富な資産を保有している。そして、地下鉄サリン事件の根拠となった殺人肯定理論を説く「改訂版特別ヴァジラヤーナ教学システム教本」が現在も使用され、現教団内では黒魔術の儀式が行われている。この現実を深刻に捉えなければならない。オウム真理教の危険性、反社会的な体質は依然として変わらないどころか、オウム事件以前の危険な教団に回帰したと指摘されている。

それ以上にこの方向性が、今後さらなる「力の誇示」へと展開して行かないことを祈るばかりである。

第二章　オウム信者脱会カウンセリング活動

オウム信者脱会カウンセリング活動への経緯

一九九五年三月、私は地下鉄サリン事件とオウム真理教への強制捜査を、ネパールのカトマンドゥ郊外、ボーダナートにあるウーギャン寺院に滞在していた時、偶然「ラジオ日本」で知った。一九九五年一月の第六回ブッダガヤ世界平和セレモニーの実行委員としての役割を無事に終え、師タルタン・トゥルクと共にエベレスト山麓にあるマラティカ窟にて旧暦新年の瞑想参籠を満願した、その後のことであった。

東京の地下鉄で、オウム真理教がサリンを散布し、十二人を殺害し、約五千三百人を負傷させた。「これは、日本で大変なことが起きている」と感じ、師に「すぐ、日本に帰らせてください」と願い日本に帰国した。それ以来、私はずっとオウム信者の脱会カウンセリングを行っている。

私の活動は、現役信者や脱会信者と直接会い、オウムの教義とチベット仏教本来の教えとを照らし合わせ、その違いを明らかにする脱会カウンセリングである。また、信者を子供に持つ親の相談も行ってきた。そして、オウム信者の脱会カウンセリングを進める中で得た様々な情報を警察、公安調査庁などの捜査機関へ情報提供、情勢分析、見立てなどの交流を持ってきた。今まで百人以上の信者と対話を深め、脱会届を書いてもらい、社会復帰を支援するという地道なボランティア活動を行ってきた。

私は、仏教を標榜するオウム真理教が引き起こした一連の事件を、日本仏教史におけるトラウマ的悲劇だと一仏教徒として憂いている。多くのオウム信者はオウムの教えをインド仏教以来の正統な教義だと信じ、真剣に「解脱」を求めてきた。彼らは麻原教祖を最終解脱者、最高のグルだと信じ、人類を救済したいと修行に励んできた。オウム事件の一番の不幸とは、導いた教祖とその教えに問題があると、私は考える。私自身がオウム真理教信者たちと同じ、八〇年代のニューエイジや精神世界を共に生きてきた同世代である。私は、オウム信者との出会いを、カウンセラーという立場というよりはむしろ、仏法を真剣に語り合える仏縁として考えている。だから、一人でも多くのオウムの修行者たちと仏法を語りたいと思っている。私は多くのオウム信者に会って正法を語り合い、正しい仏道を自らの二本の足で道を歩んでほしいと願い、脱会カウンセリング活動を行ってきた。

一方で、今、日本人自身が日本の精神文化とは何か、仏法とは何かを真剣に考え正さなければならない時代であるとも考えている。オウム問題は、親子問題、家族問題、社会問題、宗教問題など様々な日本の影の問題を含んでおり、日本人がじっくりと向き合わなければならないテーマである。

オウム信徒救済ネットワーク

オウム事件への強制捜査後一九九五年六月、オウム真理教被害者の会（現在の名称はオウム真理教家族の会）、被害者対策弁護団、宗教者、心理学者、精神科医、教育者、カウンセラーたちによって「オウム信徒救済ネットワーク」が発足し、オウム信者たちに対してのマインドコントロールを解く救済脱会活動として始まった。当時、刻一刻と情勢が変化してゆく中、情報交換や分析などを行い、オウム教団や現役信者への脱会への対応が話し合われた。

この「オウム信徒救済ネットワーク」は、後に日本脱カルト研究会（Japan De-Cult Council）という名称となり、二〇〇四年に日本脱カルト協会（JSCPR)(The Japan Society for Cult Prevention and Recovery）として、カルトやマインドコントロールの研究団体に発展している。現在、日本脱カルト協会は交流及びカルト予防策や社会復帰策等の研究とその成果を発展・普及させることを目的としており、相談事業は行ってはいない。

私は事件直後、この「オウム信徒救済ネットワーク」に加わり、弁護士や学者、牧師、僧侶たちとオウム信者の対応を行ってきた。一九九六年には、オウム信徒救済ネットワークとして共著「マインドコントロールからの解放」が発行された。その中でオウム教義の誤謬を仏教の戒定慧の視点から私が指摘した「第六章　仏教を語る教祖が迷えるブッダをかどわかす」が、オウム現役信者や脱会信者の中で注目され、そのコピーが拡散していったようだ。昼夜を問わず毎日のように多くの信者から面会、対話、カウンセリングを求める連絡が相次いだ。当時、地元の私立高校で講師をしていた私は、夕方に訪れた信者と面会し、また夜は遅くまで多くの信者と電話での対応を行った。

ある日、オウムのニューヨーク支部長から突然の電話があった。彼女は、「真剣に仏教を求めてオウム真理教に入信したので、もしもオウムの教えと本来の仏教の教えが違うならば、脱会したい」という意思を秘めていた。国際電話で仏教論を重ねる中、最後に彼女は脱会を決意した。その後、アメリカ議会のオウム真理教に対する公聴会において、彼女はガラス越しで証言に立った。

オウム真理教家族の会

オウム事件以前は「オウム真理教被害者の会」と称していた信者を子供に持つ家族の会は、オウム事件で加害者となった子供もいるために「オウム真理教家族の会」と名乗るようになった。

この「家族の会」は、現役信者の子供とコンタクトし脱会への道を模索する相互協力の会であるために、決してその存在をオープンにすることなく、密かに活動をしてきた。それは、現役信者の親が「家族の会」で活動していることをオウム教団に知られると、その信者はさらに監視され親と引き離されてしまうからだ。だからマスコミやメディアにも「家族の会」の会員の存在や情報を明らかにすることなく、活動を行ってきた。

マスコミやメディアへの表の顔としての対応は、会長の永岡弘行氏が行っている。永岡弘行氏は一九八九年「オウム真理教被害者の会」の設立以来、会長としてオウム真理教と戦ってきた。一九九五年一月、オウム真理教からＶＸガス襲撃事件の被害にあい、生死の境をさまよいながらも一命を取り留めた。永岡会長のオウム教団に対する一貫した姿勢は、家族の会の強い意思を世間に表明する重要な存在である。そして、「家族の会」の顧問としては滝本太郎弁護士、小野毅弁護士が付き、多くの家族の相談に親身に対応いただき、またオウム教団の的確な情勢分析を「家族の会」に提示し、親や家族の支えとなっている。

「家族の会」は全国に幾つかの地域ブロックに分かれている。「家族の会」の実際の運営は「事務局」が行い、地域ブロックの調整や全ての相談の窓口としての重要な役割を果たしている。そして各地域ブロックには、主に統一教会などのカルトから脱会カウンセリング活動を行っているキリスト教の牧師たちが定期的に勉強会、相談会、また実際的な脱会カウンセリング活動を行い、家族を支えている。

しかし、「家族の会」と未だ家族を現役信者に持つ親は、表に出て意見を述べることもその存在をオウム教団に明らかにすることもできず、長い間ジレンマに陥ってきた。最近ではホームページを開設し、その活動や呼びかけを行っているが、設立から二〇年以上を経た今、多くの親は高齢となり「家族の会」の今後の活動の困難さが課題となっている。

私は、脱会カウンセリング活動を通して、多くのオウム信者たちの悩みや社会復帰への助言をしたり、教義的問題を語り合ってきた。それと同時に「オウム真理教家族の会」での勉強会や相談会を通して、また個人的に家族や親の相談を受けてきた。特に未だ教団にいる現役信者の親の悩み、その対応など、脱会に向けた取り組みの相談や対話を重ねている。ある時は、キリスト教の牧師たちと共にチームを組み、脱会活動を行ってきた。脱会カウンセリング活動を通して、真剣にオウム問題に取り組む素晴らしい人格者の多くの牧師たちと宗教を超えて交流を持てたことは、私にとって貴重な経験だと感謝している。

特筆すべきは一九九五年のオウム事件直後から数年間、「オウム真理教家族の会」の事務局を一手に引き受けていたA氏の存在である。オウム教団の強制捜査直後、A氏の弟が十数年ぶりに教団から自宅に逃げ戻り、家族の説得によって脱会へと迷うまでに至った。そして兄のA氏に手を引かれるように私と面会する機会を得た。対話を重ねる中で、オウムの教義の問題やチベット仏教との違いが明確になり、彼は脱会へと至った。このA氏の弟は元中堅幹部の立場から、教団内の彼の友人、知人、部下へと芋づる式に声を掛け、当時オウム事件の真偽に心揺れる百人近くの現役信者との会話が始まった。

家族会の事務局であったA氏と同じく現役信者を弟に持つB氏と私の三人は、オウム信者の脱会活動を実行する私的なミーティングを頻繁に重ねていった。この活動の詳細は家族会にも公にすることもできず、独自の活動として脱会信者から現役信者に呼びかけ、オウム教義の間違いと教団の反社会性を問い掛け、脱会へと導くという行動であった。この活動は「全て秘密裏に行い、決して表に出さない。公表することなく、ただ坦々と結果を出そう」と誓い合った。

当時のメディアには「オウム真理教を扱った番組は、簡単に視聴率が取れる」という「オウムの法則」が蔓延しており、あらゆるテレビ局や新聞、雑誌が取材ネタを求めていた。しかし、メディアにこちらの脱会活動をオープンにすることで教団からの攻撃や妨害が予想されたため、私たちは一切メディアにこの活動を出すことなく、脱会活動に徹しようとした。当時、新幹線で東京から自宅に帰る時には、必ず私の待ち時間に東京駅でミーティングをしていたので、私たち三人は、これを「東京駅の誓い」と呼んでいた。

現役信者の家族は、オウム信者の親の苦悩を世間に分かってもらいたいが、一方で「家族の会」の活動を教団に知られたくないというジレンマを抱えている。脱会信者のプライバシーや社会復帰への支援には、メディア取材はオウム信者脱会への支障にも成り兼ねないからである。また私自身、微罪逮捕で服役した教団大物幹部や信者を出所後に何人も脱会させたため、当時のオウム教団から狙われていたことも事実であった。オウム教団内の幹部による説法会での「林に会うな」「林は教団の敵である」と名指しで批判された説法テープを、脱会信者から手渡されたこともあった。

それでも現役信者に会って、「オウムの教えと仏教の教えがこれほど違う」と語り合う、地道な脱会カウンセリング活動に専念していた事は、後々の脱会カウンセリングに多くの良い結果としてつながっていった。「東京駅の誓い」は、私とA氏、B氏とのオウム信者脱会活動への真剣な誓いの証でもあった。

江川紹子氏は多くの現役信者脱会信者に対し、深い理解を示してくれていた。当時、多くのオウム信者にチベット仏教の話をするために一般の集会所や公民館を借りることは難しく、彼女が事務所を提供してくれた。時に信者二〇人ほどが江川事務所に集まり、脱会に揺れるオウム信者からヨーガや瞑想に関する疑問や質問攻めにあった。終了後事務所を出て駅に行く道すがら、各々オウム信者をマークする公安警察が尾行する。「彼は私の担当です」「あの人は私の担当です」と、二〇人ほどの信者を数十人の私服公安警察が道の交差点や店の影から尾行する姿が、何とも不思議で異常な風景であったことを記憶する。

カルト入信の罠に、たまたま偶然はない

カルトに入信する子供を持つ家族の多くのケースに、特別な家族問題や親子問題、生育問題があることを、見出すことはできない。普通の一般家庭と何ら変わりのないご家庭がほとんどである。ポイントとすべき問題は、現代社会の至る所に、私たちがカルトに引き込まれる罠や落とし穴、誘いが存在しているということであろう。

子供や親、家族が何も知らないところで、カルトは着々と信者を入信させるために緻密な計画を練り、複数の信者を使って背後の教団の経済力と組織力を背景に罠にかけてくる。初めはダミーサークルや勉強会などの仮面を被りながら近づき、カルト教団の本心を見せることはない。

つまり、ある若者が「たまたま偶然に」カルトに引っかかったと思うのだが、引っ掛けるカルト側は意図的計画的に、あるいはピンポイントで知力や能力のある人物に対して、また経済力がある家庭に対して、罠を仕掛けてくるのだ。オウム真理教も、大学のサークルやコンパなどで、時には異性からの積極的な働きかけの誘いによって信者獲得をしていった経緯がある。自衛隊の戦力と情報を得るために、駐屯地の前に居酒屋を開店し、異性との出会いが仲々ない若い自衛隊員をピンポイントで獲得しようと、魅力的な女性オウム信者を居酒屋で働かせてい

たケースは一つの事例であろう。現代社会において、世間の中に、このようなカルトの罠や仕掛けが潜んでいることを見抜く視点を持つ為には、カルト対策への事前学習しかない。日本脱カルト協会が、大学の新学期のガイダンスにカルト対策のパンフレットを配布していることは非常に有効だ。私も大学の講義では、必ずカルト対策の話をすることにしている。若い人たちは、カルトという言葉を知ってはいても、その実態と対策を学ぶ機会はまずないからだ。

カルトに入信した子供の親は「なぜうちの子が」と自責の念に駆られ、苦悩する。子供をカルトに奪われ、初めて家族関係や夫婦関係を見直す機会に直面したというケースも少なくない。特に、オウムのような反社会的カルトに親子関係を断って「入信」することは、親にとっては耐えられない事件である。

カルトへの入信の裏には、たまたま偶然はない。それは巧みに仕掛けられた罠であることを知らなければならない。そして、カルト的人格はカルト集団の中にいる限り、そのマインドコントロールの支配から抜けることは決してない。カルト集団からの接触を絶ち、客観的視点によって自分自身の頭でじっくりと考える時間と場所が必ず必要である。

私たちにとって重要なことは、社会は絶対にオウムというカルト教団を受け入れないという姿勢をどこまでも示すことである。社会はカルトを否定する。そして、私たちは、カルトを恐れることなく、むしろカルトに対する知識と情報そして対処法を、行政組織や学校組織なども含めて、共に広く学び、周知させなければならない。

親権による強制保護「救出カウンセリング」

オウム現役信者の強制保護「救出カウンセリング」は、現在ではまず実行することはないが、オウム事件直後は親や家族、親族、友人の理解と熱意という条件が整ったケースにおいては、有効な脱会手段であった。特に、事件直後から一九九六年の破防法適応見送りまでの時期は、多くのオウム信者が教団に留まるか離れるかと心が揺れた時であった。この間に、親が子供を強制保護「救出カウンセリング」し、子供を脱会させる説得が功を奏し、数々の結果を得ることができた。

この強制保護「救出カウンセリング」とは、現役信者の子供の所在、動向をあらかじめ把握しておき、一人になる時間帯など接触できるタイミングを計り、親が強制的に子供を保護し、教団から完全に隔離する手段である。カルトでは教団に入信した後、社会や家族から切り離しマインドコントロールを行うために、家族や世間と完全に接触を断ち切られる。オウム教団においても「出家」と称し家族との連絡が遮断され、むしろ家族と会うことで悪いカルマ、情報が入り、修行が進まないと教団から言われてきた。

強制保護「救出カウンセリング」は、マインドコントロール理論による社会や家族からの隔離という状態の真逆を行うことが目的であり、マインドコントロールによる「凍結」に対し、「解凍」という位置付けにある。教団との接触を完全に遮断された現役信者は、この「解凍」という説得行為によって、親や家族と直接対話する機会を得る。失われた親子の時間を取り戻す重要な場である。また、ニュースや報道、社会的な視点や情報を提示し、カルト教義を再検証することで、子供のカルトマインドを癒し、自分の頭で考える時間と機会を取り戻すのである。

強制保護「救出カウンセリング」は、法的にはギリギリの手段であるので、弁護士からの協力も得ながら実行する。仮に第三者が強制保護を行うとなるとこれは明らかに違法行為であるが、親が子供を凶悪なカルト教団から救出するという目的において「親権の行使」と解釈し、子供を強制的に保護をする。カルトから子供を救出し、脱会へと導く強制保護「救出カウンセリング」は、様々な危険を伴いながらも、直接に子供を脱会へと導く有効な手法である。

この強制保護「救出カウンセリング」は、統一教会の信者を取り戻すために、家族と脱会カウンセラーのキリスト教の牧師たちが苦肉の策として行ってきた手法だ。そして、この手法がオウム信者に対しても、事件直後には有効であった。私も脱会カウンセラーの牧師たちと共同で、幾つものケースを成功へと導くことができた。

強制保護「救出カウンセリング」を行うには、あらかじめ、親、家族、親族、友人がカルトの教義や反社会的問題を脱会カウンセラーから学習し、保護の後に脱会へとどのように説得するか、それぞれの役割を入念に取り決めておく打ち合わせが重要となる。親や家族と共に、事前の学習や準備を時間を掛けて入念に行う。この脱カルト学習なしに安易に強制保護を行うことは、絶対に避けるべきである。よく家族が「駄目元でもいいから行いたい」と主張されることがあるが、このような親には絶対やめるべきだと説得する。強制保護は失敗が許されない。一度のチャンスを逃したら、二度目のチャンスはない。親の真剣さが試されるのだ。

一度保護をすれば脱会を決めるまでは、原則として旅館やホテルなどの宿泊施設で信者を引き止め、何ヶ月も説得を続けることとなる。ここでは強制といいながらも、施錠や監禁は一切行わない。唯一、子供を引き留める力は、「愛」という親や家族の命がけの心の縛りである。そしてこの強制保護「救出カウンセリング」は、本人が脱会すると決意するまで、昼夜二四時間親子が共に暮らす。

しかし、マインドコントロールをかけられたカルト信者である子供は、強烈に反発する。時には力ずくで、また三階の窓から飛び降りてでも逃げようとする。窓を開けて大声で「拉致されています。助けてー」と叫ぶなど、抵抗は思わぬ行動を引き起こす。それは、教団が常に信者の動向を報告させ監視しているために、教団を離れたと分かると問題となることを自覚しているからである。

子供は、「一度、教団に荷物を取りに帰る」とか「上司の幹部に相談する」と、施設に帰ろうとするが、ここで引き留めることが重要だ。この場面で親族の一人でも「まあ、子供もここまで頑なだから、今回は諦めたらどうか」とか、「彼も一生懸命、『仏教』を勉強しているのだから、これでいいんじゃないか」など、事前のカルトや保護に対する学習と理解ができていない親族が一人でもいると失敗をする。子供がどのように反発し反抗し抵抗しても「あなたは私の子供です。帰るところは家族です」「カルトには絶対に戻さない」と、絶対に譲れない一線をはっきりと主張しなければならない。脱会カウンセリングは子供を教団に戻さない強い意志を持つ親の愛と、実際に社会問題や教義を問いかけるカウンセラーとが命がけで説得する作業である。

私が関わった強制保護「救出カウンセリング」は、県警の理解を得て一見普通の宿泊施設のような県警保養所を利用させていただいた。数階建ての最上階を借り受け、長い時には数ヶ月間に及ぶ説得が続けられた。一般の宿泊施設では他の利用客に迷惑をかけたりするので、一番の問題は施設主の理解と協力を得ることがポイントとなる。他の強制保護のケースでは教団から信者を取り戻すそうと動きがありトラブルが起きた場合もあると聞いているが、その点、県警保養所施設は警察組織と一体なので、急遽の事態にも協力体制がとれ、周辺の警備を常に行うなど県警の協力はとてもありがたいものであった。

オウム信者のタイプ

脱会カウンセリングを通して、私はオウム信者には主に二つのタイプがあることに気付いた。一つは、仏教やヨーガの修行を求めて入信した出家歴の長い師や師長と呼ばれる中堅幹部である。彼らとの対話では、オウム教義の一つひとつを仏教本来の教えと照らし合わせることで、多くの教義的矛盾や間違いを知っていくことになる。彼らの一番の脱会のポイントは「教義」である。オウム教義の間違いに気づき本来の仏教の道を求める脱会元信者が、部下や友人の現役信者に脱会を勧めるケースも少なからずある。このオウムの教義的問題は、「第三章オウム教義を論駁する」で詳しく述べる。

一方で、事件直前に大量出家させられた若い人たちの多くは、家族や親子の関係、人生に対する問題意識、またハルマゲドンの恐怖によって出家を決意した人が多い。特に一九九四年から始まった「キリストのイニシエーション」「ルドラチャクリンのイニシエーション」と呼ばれる薬物イニシエーションは、在家信者を出家へと導くために千人以上に及ぶ大人数が受けることになった。この時期に出家した若者は、後に「神秘体験」として、心の傷を受けた薬物体験の恐怖がポイントとなってくる。

彼らにとって、一番の脱会へのポイントは仏教教義よりも、家族関係、親子関係、そして自分自身の生き方をあらためて再認識することが大切な鍵となる。この若い出家者たちは、「日本シャンバラ化計画」のための戦士として自動小銃を持ってテロ計画を実行するために、薬物による「イニシエーション」を受け、マインドコントロール、洗脳されていったオウムの被害者でもあるのだ。彼らの深い意識に刻み込まれた傷を癒すことは、今後もカウンセリングを進める上で重要な問題となってくるであろう。この「薬物によるイニシエーション」問題は「第五章 虚妄の霊を生んだ闇の構造」で、改めて述べることになる。

親子関係　親の愛を知る

オウム信者の親達は子供が教団に入信して以来、連絡がない、連絡が取れても話が出来ない、どう対応していいのか分からないなど、様々な問題に直面している。しかし、事件直後の混乱時に多かったケースであるが、今まで一切連絡もなく居場所さえ分からなかった子供から帰りたいとか、荷物を取りに帰りたいと、突然電話がある。

今まで何の変化もなかった状況の中、変化は突然やってくる。日頃、家族や親戚と問題を話し合い、カウンセラーと共に問題を明確にし、子供との対話の為の準備をしてきた親にとっては、こういった突然のチャンスにも的確な対応ができる。しかし、何の準備もなく変化が起こってから、誰に相談しようかとか、親戚や会社に何の話もしていないのでは対応の仕様がなく、せっかくの機会を逃してしまうことになる。

子供の脱会に成功する親は、何よりも「子供のために地獄の底まで助けにゆくんだ」という気持ちが在るかどうかがポイントとなる。頭ではなく心の深い部分で接しようという親心、子供の存在すべてを受け入れることができること。優しさと厳しさ、譲れることと譲れないことを明確にすることも大切である。カウンセラーは親子関係を支える脇役である。あくまで親と子が向かい合って話が出来るための存在なのである。ある信者が脱会カウンセリングの最中、こう語った。

「仕事、仕事と言って話もしてくれなかった父が仕事を休んで真剣に向き合ってくれた。いつも小言しか言わなかった母が一言一言を受け止め、心の奥まで抱きしめてくれた」

親の真剣な姿勢と気迫は、必ず子供に伝わる。

逆に脱会に失敗する親のケースがある。「うちの息子は何度言っても分からないんです。先生からよく言ってやって下さい」「この先生は偉い人だから、よく話を聞きなさい」

対話をし、脱会の説得をするのは親であるにも関わらず、その役割と責任をカウンセラーに全てを任せてしまう親。自分の話の都合に合うカウンセラーを次から次に変えてゆき、策でもって子供を何とか変えようとする、策士策に溺れる親。また、「おまえの為を思って年金をずっと掛けてやってきたんだ」「いつまでそんなくだらない宗教をやっているんだ」などと親の思いや人生観を押しつけたり、子供の心を深く理解しようとしない親。子供は心の安らぎというもっと深い精神性を求めているはずなのに、社会的立場、地位、世間体の話では会話が成り立たない。なぜ子供がオウムの道を求めてしまったのかという深い心の中を理解してあげなければ、根底からすれ違ってっしまう。

親が子を思う真実の愛とけじめ

オウム信者への脱会カウンセリングでは、対話において親子が真っ向からぶつかる修羅場が始まる場面がある。しかしその時、親は毅然とした態度で、決して妥協してはいけない。あくまで親が子を思う真実の愛とけじめが重要となる。絶対にカルトというオウム教団には帰らせない。「オウムから子供を救いたい」という親の気持ちを絶対に曲げてはいけない。これが、親が子を思う真実の愛とけじめである。

いずれは帰ってくるだろうと、子供の言うがままに理解のある親を演じることは逆効果である。教団幹部は親さえもだましてお金を寄付させることが教えのためだと指導し、親を金づるにするマニュアルがある。資金を得るために、幹部が信者の家庭の経済状況を把握し、小遣いをねだりに定期的に実家に帰らせていたケースもあった。

最近では、高齢化した親に遺産の生前分与を求める様にと、教団が信者に指導していると聞く。

親が真剣に「子供を救いたい」という気持ちと迫力は、子供の心を変える力を秘めている。親が変わろうとする姿に、子も変わる姿勢と準備の気持ちが僅かながらも生じてくる。そして、カウンセラーは互いの親子の対話を支え、問題を明確にする役割を担ってゆく。

オウム信者の親の中には、子供の教育の責任を巡って衝突し、離婚してしまう例もある。しかし逆に、夫婦のきずなを深めていったケースも多い。強制保護をしないまでも、親が子供にカウンセラーと合うように説得をして、対話に至るケースもある。それは、親の粘り強い説得と心を開いて話ができる親子関係の再構築でもある。

ある元信者の声である。

「オウムへ出家した当時、私は多額のお金を親に寄付させ、大変な苦労と心配をかけてきました。脱会した今、親は過去のことには一切触れず、私の社会復帰のために金銭的精神的援助を惜しまず、私を支えてくれています。本当に最後に頼るべき相手が、教祖ではなく親だと気が付きました」

一方で、夫婦の対話が重要なケースをあげよう。

ある母親が現役信者の子供に話しかけようと、毎日のように教団施設から仕事に行く合間に僅かな時間ながらも接触を持ち始めていた。始めは無言の対話であったが、徐々に時間をかけながら、子供の心を開き「世間話」ができるようになっていった。そして、ある機会で本人が私に会うことも了承し、じっくりと「本音」の話をする機会に恵まれた。彼は純粋に瞑想やヨーガを求めて入信したタイプであったので、そこではオウム教団の反社会性などには一切触れず、チベット仏教の修行過程を主に話が深まっていった。話すほどに彼の興味はチベット仏教の理論と実践へと広がってゆき、オウムを離れても修行ができるという気持ちにまで「ゆらぎ」が起こってきた。そして、しばらく教団を離れ実家に戻り、個人的に仏教を勉強してみようというところまで気持ちが動いてきた。

ある日、母親に手を引かれるように実家に戻った彼に、自営業を営む父親が言った。

「今まで好き勝手にオウムに入って家族に迷惑を掛け、今頃、のこのこと帰ってきても兄弟が家業を継いでいるのだから、迷惑だ！」と叱責してしまった。

夫婦間で子供への取り組み、対応がしっかりと話し合われていなかったのだ。いつも子供への教育を母親任せにしていた父親が、自分の感情を制御できなかった結果であった。号泣する母を後に、彼はそのまま教団に帰っていった。

今でも心が痛むケースである。

オウム教義と反社会性の再検証から「ゆらぎ」へ

カルトマインドとは世間の人間関係を全て否定し、集団が共有するユートピアのみに価値を置く自己閉鎖的で狂信的な自我の投影である。彼らは教祖を絶対だと信じ、教祖の教えに従い一生懸命に修行をし、外界の情報が閉ざされた教団施設の環境の中で、過酷なワークの日々を送る。しかし、脱会後も多くの元信者が口々に言うことは、肉体的にはつらかったが精神的には満たされていた、毎日が幸せだったという。それは、「解脱と救済」という人生に対する大きな目的、「生き甲斐」があったからだ。

このカルトマインドは、オウム独自の教義とハルマゲドンという世界最終戦争に対する人類救済という世界観に支えられているため、オウムを突き抜ける一番の鍵となるのは教義とその世界観の再検証である。果たして、オウムの教義は本当に仏教なのか。そして何よりも救済の名の下に行われた多くの犯罪の事実を直視しなければならない。

このカルトマインドに対する「ゆらぎ」は、重要なステップとなる。信者との対話において、教義と犯罪性反社会性の再確認という「ゆらぎ」を受け留めてもらうための力の源は、家族の愛とけじめである。

特に出家歴が短い人たちの多くは、肯定的であれ否定的であれ家族や親子との関係から人生に対しての問題意識をもって出家を決意した人が多いようだ。このような彼らにとって、脱会への一番のポイントは、家族関係、親子関係をあらためて取り戻すことが大切になってくる。この段階でカウンセラーは、ただただ互いの親子関係を支えるだけである。親が変われば、子も変わる。あくまで親の愛とけじめが中心となる。

一方で、オウムの教えを深く学び、クンダリニーヨーガの成就者とされ、ヴァジラヤーナの教義を信じる中堅幹部たちにとって、一番の揺らぎのポイントは教義自体である。しかし、その教義の一つひとつを仏教本来の教えと照らし合わせていくと、多くの教義的矛盾や間違いを知っていくことになる。そしてこの「ゆらぎ」の中で葛藤が起こってくる。「本当に自分は仏教を修行したいのか、それとも麻原彰晃という教祖が説く独自の教えを求めるのか」彼ら本来の「出家」の意味が問われる時である。

オウム事件のすべてが裁判において、その犯罪性反社会性が明るみになった現在、今も教団に残る信者にとって一番の問題は、彼らの心の中に残る教祖の存在とその教えである。

麻原は初期にクンダリニーヨーガを修行のプロセスとして指導してゆくが、その後ヴァジラヤーナの教え、グルヨーガの修行、マハームドラーがそれに取って変わった。教祖に対する絶対的帰依により、弟子はそのまま教祖のデータを受け、クンダリニーヨーガよりも早く解脱ができるというこのグルのクローン化を「ヴァジラヤーナの修行」と呼び、多くの修行者を間違った方向に導いてしまった。

もちろん、これは伝統的な金剛乗のグルヨーガとは全く違った考え方であり、誤った方向性である。本来のグルヨーガにとって最も大切なことは、師に対して完全に心を開くことであり、自分自身の心を見つめることである。修行者にとってグルや師とは、修行者の心の内にある心の本性を示してくれる存在なのだ。この誰もの心の内にある、純粋な心の本質を知ることこそが、仏道修行の根本目標であり達成なのだ。そして本当のグルや師とは、自らの心の内にある仏性を知ることにある。仏性と言うこの内なるブッダの自覚こそが、金剛乗の本質であると言ってよい。しかし、外に本質を求める修行者は自らがブッダだと気付くことなく、外へとブッダを探し求めてしまう。

脱会カウンセリングを進めてゆくと、信者は教団の反社会性を知りひどく落ち込むが、親の愛に触れ徐々に心を開き始め、心が揺れ始める。教義的間違いに気付き、また家族の愛を得て、カルトの問題性を直視した時、彼らはひどい虚脱感へと陥ってしまう。人生の目的を失い、社会とどう関わってゆけばいいのかが分からなくなってしまうからである。社会に帰れば修行が続けられない、でも何か精神的な安心感がほしい、という落ち込みでもある。

脱カルトからくる虚脱感、失望感に落ち込む元信者たちにとって、次のステップで重要となるのは、自立へと向かう新たな「ゆらぎ」である。それは、精神の道を求める彼らの向上心や求道心を否定することなく、むしろ世間の中でそれを保ちながら歩んでゆく心を励ますことだ。多くの元信者の悩みは、オウム以外に修行の道がないと思い込んでいることにある。仏教を真剣に求めようと更なる修行の道をめざす時、オウムより更に大きな精神の道と可能性の光があることに、自分自身で気が付いていくことが最も大切になる。

カルトマインド（反社会性、狂信的自我）

↑「ゆらぎ」（犯罪性、教義の再検証）

落ち込み（人生の目的、生き甲斐の喪失）

↑「ゆらぎ」（求道心、菩提心の再確認）

自立（利他心、社会性、仏性）

Cさんにとって脱会への決定的体験は、一週間福祉施設へボランティアに行ったことだった。施設の中で障害を持ちながらも一生懸命に生きようとする一人ひとりの姿を深く感じ、逆に励まされた思いがしたという。そして仏教を学びながら自らの力で生きていくことの尊さ、利他心を社会の中で実現しようと明確な目的を持つに至った。

「教義」や「解脱」「救済」「ブッダ」という、言葉で作り上げられた概念の雲を吹き飛ばした時、元々、自らに心の内にあった輝きが、笑いと共にこみ上げた。誰もが自然と持っている、心の底から溢れ出る笑い。それを知る時、今、ただ一人、大地の上に二本足で立っていることに気付く。

全てを教祖にゆだねて解脱を得ようとするオウム的精神から、自らが精神的に自立し、人生を生きぬく心構え。世間の中に自分自身で存在の答えを見つけようとする努力と勇気と智慧。それこそが、真の菩提心に他ならず、菩薩の姿と言えるだろう。大乗仏教の真髄は、人情の機微を知ることだと言われている。それは人の心の痛みが分かることでもある。本当の真理とは、世間や衆生と離れたところにあるのではなく、超能力を身に付けることでもない。人々の苦しみや悲しみを知り、世間の中で社会的善を行ってゆく利他心をもって生きぬくことこそが、崇高なる真理の実践なのだ。

オウムを突き抜ける鍵がここにあると、私は信じている。

オウムを突き抜ける

オウム信者脱会カウンセリング活動を通して私の一貫した姿勢は、オウムを突き抜ける道を提示してきたことだ。それは、オウム信者が本来のヨーガや仏教を学びたいという純粋な心を保ち続け、オウムの教えや教団にこだわることなく、広く修行や瞑想の道を歩み続けることだ。そのために、一人のグルや師にこだわらず、まずは多くの仏教者に対話を求め、仏道修行者たちの生き様を体感してほしいと語り続けてきた。

オウム教団の反社会性や犯罪性は非難されるべき点があるが、オウム信者たちが精神の道を求めていった心は何らやましいものではない。オウムの教えがインド仏教以来の正統な教義だと信じ、オウム信者は真剣に解脱を求め、麻原教祖を最終解脱者、最高のグルだと信じ、人類を救済したいと修行に励んできた。一番の不幸とは、導いた教祖とその教えに問題があったことだ。

しかし未だ、オウムの教えを信じ現教団内で、頑なにがんばり続けている信者たちがいる。オウムの犯罪性反社会性は認めながらも、オウムの教えは未だ正しいと信じ続けているオウム信者たち。現在では、麻原の教義がまた復活し、原点回帰や先祖返りといわれるほど、事件前の危険なオウム教団に戻ってしまっている。そして今では、当時のオウム事件を知らない若者たちが、ダミーサークルなどから入信し、毎年多くの信者が増えてきていることも事実だ。

「オウム真理教家族の会」では、新たに現教団に入信した信者の親に対して、「家族の会」に参加することを呼びかけようと、最近インターネットにホームページを開設した。

(http://aum-kazoku.boy.jp/)

新しく現オウム教団に入信した若者の親たちに対し、一緒に子供をカルトから救い出そうと

「家族の会」への参加を呼びかけている。二〇歳前後の若者の親ならば、オウム真理教の幹部たちと同じ世代である。新たなオウム信者脱会カウンセリングのステージに入っているのかもしれない。信者の親御さん達は皆、子供たちが帰ってくることを切に望んでいる。「家族の会」に熱心に参加し、なぜ子供がカルトに入信してしまったのかを真剣に捉え、親子家族関係を見直そうと学んでいる。オウム問題は、まだまだ終わっていない。

脱会　仏教カウンセリングという道標

私は脱会にまで至った元信者には、二つのことを勧めている。まず第一は、脱会届を書くことである。オウム真理教という宗教組織は、現在は、主流派「アレフ」と分派「ひかりの輪」という団体として存続している。これらの団体宛に脱会届を内容証明書をもって送付する。これは、過去の自分に対しての決別であって、それが現アレフや幹部に対して有効かどうかを問題にしていない。自分の心の内にあるオウムからの脱会、決別こそが重要なのだ。

そして第二には、信者とは出来る限り交流しないことを勧めている。本人が新しい人間となって、新しい人生を切り開いて歩む力と勇気を持つことが大切であるからである。元信者同士で会って話をしたところで、それは過去の教団時代の思い出を語ることしかできないだろう。互いにカルトの傷を癒しあう時期も必要だが、それではいつまでたってもオウム元信者のままなのだ。もう過去を振り返ることもない、新しい社会で新しい人間関係を作ってゆく勇気こそが本当の新しい人生であり、「元信者」という肩書きさえも乗り越えることができたことになるのだ。この精神的自立の確立が、脱会への基盤である。

修羅場を乗り越えた家族は、強い関係性で結ばれる。もうお互いに隠し合うもの、探り合うものはなく、何でも理解し合える関係である。たとえ何か問題が起こったとしても深い信頼関係によって、問題に向き合うことが出来る。その家族の支えによって、次第に社会的自立にも向き合えることが出来るようになる。社会復帰をするに当たっては、就職が困難な時でも、自営業であるとか親戚の会社に務めるなど、世間体を気にしなくとも良い職場があれば一番だ。そうでなくても、会社が本人の全てを理解してくれ、本人次第、人物本意の採用として、雇用があれば良い。

そして最後に何よりも一番大切なことは、親戚も含めた良き友人、良き人とつき合うことである。たった一人でも良き人と出会えることで、新しい人生は大きく変わる。多くの元信者たちが言うには、「今までは、本当に良い人と会っていなかった。人の縁が悪かった」と語る。正しい人生の「先達」「善知識」の必要性である。これは何かを明け渡すといった関係ではなく、互いが自立して人生を研鑽してゆく関係でもある。そして、カウンセラー自身もその関係性を終え、良き友人として互いに人生を励まし合う関係に変わってゆく。

私は仏教カウンセリングとは、ブッダの生き方を通して、現実生活を心ある生き方として指し示す役割であると考えている。ブッダの教えは単に学問哲学ではなく、人生をいかに生きるかという人生哲学の道標である。オウム問題は単なる宗教問題のみならず、親子家庭問題、教育問題、社会問題など、現代社会の様々な問題的要素を含んでいる。私たち日本人一人ひとりが、オウムという無明の現れに光を当て、これを乗り越えて真の心ある道を歩んで行かねばならない。

受刑囚の脱会プロセス　ダルマを語れる法友

私は今までに、オウム事件で服役中の受刑囚のカウンセリングを数ケース行なった。オウムの服役囚は刑務所の中では皆一様に模範囚ではあるが、オウムの教義を信じたままの入所生活は、教団の厳しい修行に耐え抜いた彼らにとってはさほど苦痛ではない。事件を起こしたオウム信者が服役しても、出所後に七〇～八〇％は教団に戻ってしまっている。彼らの心の中はそのままオウムの教えを残したままなのだ。

私は数々の刑務所での脱会カウンセリングを通して、受刑囚の脱会プロセスに、「オウム信者の脱会カウンセリングの基本がある」と実感している。刑務所での面会は基本的には親しか会えないため、カウンセラーとして会うには本人の同意が必要となる。親は子供の心を開くために何回も足を運び、親が子に対する気持ちを伝えに行く。ほんの十分足らずの面会時間でただの世間話をするために、何時間もかけて遠方の刑務所に行くのだ。何かを説得することもなく、家族の話題や家の風景などの日常の親子の会話が成り立つまで、何回も何回も足を運ぶのである。その中で「カウンセラーと会ってみないか」と切り出す。もちろん始めは「絶対にいやだ。会わない」と子供に断わられる。そしてまた、普通の「世間話」に話を戻してゆく。そのうちに親の切なる気持ちが子供にも伝わり始め、「仕方ないなあ、一回だけなら会ってやる」と、親の気持ちが伝わり状況が展開することになる。ここまでに子供の心を開くための親の役割は、大変重要な働きかけである。

カウンセラーがオウム信者に会うには、弁護士を通して刑務所の所長宛に上申書を提出し、許可を得て始めて面会が可能になる。十分という通常の面会時間ではカウンセリングは不可能なので、特別許可として一時間から二時間のカウンセリング面会時間が可能となる。

初対面の信者とは、「こんにちは。私は何某と言います」と、まず自己紹介から始まる。そして私がどういう経過でチベット仏教の道を求めたかという話から、その修行過程、仏教哲学から瞑想体験など、自分自身の具体的な話を進めてゆくと、次第に相手の顔つきも変わってくる。そして、話の内容に少しずつ興味を示し始め、「あなたの瞑想体験は、私も理解ができます」とか「その瞑想は、このような仏教理論で成り立っていたのですね」などと、会話が成り立つようになってゆく。それは、相手が私の人格を受け入れてくれた時でもある。

会話を深めて行く中で、世間話から徐々にオウムの教義的間違いを指摘すべき時が必ずくる。仏教は論理的な宗教であるため、仏教哲学に基づいて理論的に話を深めて行くことで、彼らと深い教義的な話へと進むことができる。理解に隔たりができると、その根拠となる仏教哲学的な論書や経典を次回までに読んでもらい、教義的な間違いや矛盾に光を当てて行く作業へと進んで行く。このプロセスは、単に教義論争ではない。仏教という共通の興味を語り合う時間を共有することで、お互いの心が触れ合う貴重な時間でもある。

そして最後には「実はこういう仏教の話がずっとしたかったんです。オウムの教えに疑問を感じても、今まで誰にも相談できなかった」と語り出し、涙が溢れ流れる。自分の深い心の内の世界を語る相手が、教団の中にいなかったという。教団のマインドコントロールによって閉ざされていた心が、開いた瞬間でもある。

ダルマを共に語り合える法友という関係が一度できると、それこそが「オウムを突き抜ける道の第一歩」だという確信ができる。そして、それからの仏教論議の会話プロセスの全てが、オウムの教義的マインドコントロールが外れて行く過程になってゆく。カルマ論、死、輪廻などオウムのマインドコントロールの骨格は教義による縛りであるために、正しい仏教の理解が進んでゆくと、次第に教団や教祖を客観視できるようになってくる。

「ああ、仏教ってこんなに深いものだったんですね」

「オウムの教えって、いったい何だったんだ」

「麻原って可哀想なやつだったのですね」

多くのオウム信者はオウムの教えをインド仏教以来の正統な教義だと信じ、真剣に解脱を求めてきた。彼らは麻原教祖を最終解脱者、最高のグルだと信じ、人類を救済したいと修行に励んできた。しかし、オウムの教えは間違っている。だが、信者の本来の出家動機は間違ってはいない。その方向さえ正しく向くことができれば、その後は自らがダルマを学び、自らの心をダルマによって癒してゆくことが出来る。

参考資料　仮釈放要望の上申書

上申の趣旨

私は受刑者に対し、両親の要望により日本脱カルト研究会のカウンセラーとして、刑務所所長様のご理解を頂き、一九九八年よりカウンセリングを行ってきました。二年以上に渡るカウンセリングの結果として、右受刑者はマインドコントロールを完全に脱することができ、被害者はもとより社会に対する反省と償いを深く願っています。また社会復帰に向けた家族の協力は多大なものがあり、よって本人の仮釈放を切に要望したく存じます。

上申の理由

一、脱マインドコントロール

私は仏教カウンセリングの立場から、これまで一九九八年より六度に渡り右受刑者と接見し、オウム真理教のマインドコントロールに対するカウンセリングを行ってきました。元より本人は仏教の教えに深く興味を持ちオウムに入信した経緯があり、共に経典を一から読み深め、事細かにオウムの教義を再検討してきました。

結果、本人はオウム真理教の教義的間違いを真摯に直視し、オウムの教えは仏教ではないと理解できました。特にオウムの教義がマインドコントロール理論より作られていることを知った本人は、その後ひどく落ち込みましたが、自らの心を深く見つめる取り組みを真剣に行い、教義やグルに依存するのではなく自らの自覚を持って自立する尊さに気が付きました。本人は完全にオウムのマインドコントロールを消すことができ、今では「人の心を破壊するオウム教団は一刻も早くなくなってほしい」と語っています。現在も、積極的学習意欲を持って、健全な心を求めています。

二、反省と償い

カウンセリングの結果、右受刑者は仏教精神が観念のものではなく、現実社会の中で善をなしてゆくことが重要だと理解できました。その気づきからオウムの教えは菩薩として他者や社会に善をなす生き方とは全く異なったものだと理解し、現在は自らが行った違法性を深く悔やみ反省しています。「実生活から切り離された教えは、虚しく意味がない」とオウム真理教の教義的問題と反社会性を真剣に見つめ直し、被害者はもとより社会に対しての償いを深く願っています。

特にサリン被害者への償いとして、「サリン被害者救済基金」に対し本人が受刑中の勤労手当の多くを寄付しております。現在も本人の反省と償いの気持ちは止むことなく、社会復帰後も法を厳守する精神を失わず、深く自らの心を見つめて生活をしています。

三、家族の受け入れ

裁判中や服役中に両親の接見や親書による右受刑者への精神的物質的支えは、言葉に言い表せないものがあります。本人はその両親の気持ちを真に感謝しており、両親の心使いを幾度も涙をもって深く噛み締めています。また両親も本人が仏教を求める気持ちを少しでも理解したいと、仏教講座を受講しております。現在は本人にとっても両親との関係性を見つめ直す機会として、素直に心を開いています。

特に出所後の環境として、両親が経営する会社で仕事を本人が希望し、父親から仕事を教えてもらいたいと望んでいます。両親も本人が会社を継ぐことで、家族が再び幸せに暮らせることを望んでいます。本人の社会復帰は、家族の協力と受け入れがしっかりしており、精神的社会的に本人を支えられる環境があります。本人も社会復帰後の努力を切に誓い、健全なる精神を保ち社会生活を営む意欲を持っております。

以上の理由により、右受刑者の仮釈放を要望いたします。

どうぞ、よろしくお願いします。

以上

脱会信者からの便り

「こんにちは、お元気でいらっしゃいますか。（中略）介護福祉専門学校の試験に合格しました。周りの人たちは皆高校生のような若い子たちばかりで、これから彼らとうまくやっていけるか少し不安もありますが、新しい自分の人生を自分自身で切り開いてゆきたいと思っています。またいつか会えたらうれしいです」

それは、オウム真理教の脱会カウンセリングを進めていた、元信者Mさんからの近況を綴ったものであった。Mさんはオウム真理教の説く仏教に惹かれて入信した。強制捜査後に自宅へ帰ったが、オウムの教義が抜けきれず、家族の説得でカウンセリングを受けようという気になった。もともと彼女は、自分自身を向上させたい、何か人の役に立ちたい、世間のために働きたいという強い気持ちがあり、それをオウムを通して実現させようと思っていた。しかし、初めはオウムの教義が正しいと信じていた彼女も、カウンセリングを通して次第に教義の矛盾、教団の犯罪性やその間違いに気付いてゆき、オウムを脱会する決意に至った。

H君は出家歴こそ長いが、そのほとんどの時を教団内のワークに勤め、余りオウムの教義を学んではいなかった。むしろ、彼は「麻原教祖」を心から尊敬し、教祖のカリスマ的パワーに心酔していた。

「僕にとって尊師は親のような存在だ。尊師がどんな罪を犯しても、僕にとって親は親だ。僕はどこまでも尊師についてゆく。尊師が行う人類救済のお手伝いをしたいんだ」麻原逮捕後も、彼はいつもこのようなことを言って、両親を困惑させていた。

彼のこの固い決意は、教団内で強調されているグルへの絶対的帰依によって「解脱」が得られるのだという教えにもとづいている。そして、「尊師を裏切ることは無間地獄へ行くことになるんだ」と力説し続けた。オウムの教義を信じる彼らにとって、地獄とはリアルな存在である。しかし、「サマヤ戒を持たずに金剛乗を語り、多くの信者を悪業に導いた麻原彰晃自身が、無間地獄よりさらに重い金剛地獄へ行く。そして、教祖と同じ妄想を共有する人たちも、教祖に導かれて同じ所へ落ちて行かざるを得ない」と私は、仏教教義から説明した。

「尊師を裏切れば地獄。そして麻原に導かれても地獄」 H君はこのダブルバインド状態に、しばらく何も声を出すことができなくなってしまった。私はこのことを否定も肯定もせず、しばらく判断停止することを奨めた。ブッダは、このような観念論を「無記」として論ずることを禁止していたからだ。

「しばらくの間、オウムは正しいとか間違っているとか、『尊師』や『ヴァジラヤーナ』『解脱』や『神秘体験』など、君のすべての心の思いから離れてみるといいと思うよ。そして、世界最終戦争というイメージの中の観念的な人類救済よりも、今、目の前の救済を行うことが大切じゃないのかな。実際に苦しんでいたり病んでいる人がいれば、手を差し伸べてあげるとか。道を歩いていて、ゴミが落ちていたら拾うとか。目の前のことから、周りの人から人類救済を、菩薩行を行うべきだと思うんだ。どうだろうか」

雄弁なH君が無口になった。しかし、ダブルバインド状態になった彼の表情に、私は何かの「ゆらぎ」を感じていた。

数週間後、H君の家族から電話を受け取った。今、兄が経営する会社の作業を一生懸命に手伝っているという。彼の几帳面で真面目な性格が作業の中に生かされて、彼自身も仕事を頼られているという喜びを感じて楽しくがんばっているらしい。そして、お母さんも「親子の関係をもう一度見直したい」とカウンセリングを受けているという。

一時は修羅場になったH君の家庭に、光が差し始めてた。そして、H君自身がそのことを一番感じ取っていることだろう。仏教を頭で考え、難しくする必要はない。仏性を見ることも、その存在を確かめることもできない。しかし、周りの人々に、喜びの光が与えられるその心に、仏性の輝きを感じ取ることができる。

K君は、九〇年の石垣島セミナー以降のオウム教団の急激な変化についていけずに、脱会をした。その後、彼は独学でチベット仏教を研究してきた。私はK君に、イメージや概念だけでチベット仏教、とくにヴァジュラヤーナを学ぶよりも、実際にチベットのラマや修行者たちと目と目を合わせて、問いかけてみたらどうかと勧めた。

数年後、私は突然ブッダガヤ世界平和セレモニーの場でK君に呼びかけられた。私は彼に、今までの修行や勉強の中で突き当たった最も重要な質問を準備しておくといいと助言した。君が心を開いて真剣に問いかけるならば、ラマは必ずや真剣に答えてくれるだろうと。

K君はニンマ派の代表であるペノル・リンポチェをはじめ、数人のラマと面会していた。その後、彼はタルタン・トゥルクとの問答も希望した。もちろん、私は喜んで彼との通訳を引き受けた。

彼の質問は幾つかあったが、そのどれもが瞑想を通して密教理論をどのようにして理解していったらいいのかという内容であった。オウムを脱会して以来、チベット仏教を独学で学び続けてきた努力と、今まで積み重ねてきた瞑想体験から発せられたギリギリの質問であった。彼の修行に対するひたむきさ、それはまさにインドのブッダガヤの地にまでやって来て、自らの心を明らかにしたいという、切実な気迫のようにも感じられた。

タルタン・トゥルクは彼の質問をじっと聞き入っていた。そしてK君の話を聞き終えると、ゆっくりと語り始めた。

「自分自身を痛めつけるのはやめることだ。あなたが一生懸命に道を求め、勉強し瞑想している姿はよくわかった。それはとても大切な姿勢だ。しかし自分自身を追い込み、痛めつけるように修行を続けたとしても、何の結果も得ることはないだろう。

早く悟りたいという、焦る気持ちを捨てるのだ。そして自分自身をいたわり、優しくもてなし、大切にしてあげることだ。君は自分の心の温もりを感じられるだろうか。もしそれが感じられるならば、それが本当の優しさだ。自分の優しさを自身で感じられた時、その時まわりの人も自然とそれを感じることができるだろう。それが菩薩の心というものだ。その心を知る時、今まで一生懸命に学んできてもなかなか理解できなかった密教理論を、滋養ある甘露として味わうことができるだろう。つらい瞑想時間が輝く体験となるだろう。自分自身に優しくあること。これが私からあなたへの教えだ」

K君はしばらく戸惑っていたが、このシンプルながらも深い教えが彼の心に響いたのか、氷が融けて透きとおった真水になるように、その教えの深い意味を噛みしめ始めていた。

釈迦牟尼仏陀の成道の地ブッダガヤ、その菩提樹の元で、自らの仏性を知ることになったK君の新たな精神の道が始まった。それは内なる光明を知っていく、終わりのない道である。

願いはオウム教団が解散すること

脱会カウンセリング活動を通しての私の願いは、オウム教団(現アレフ、ひかりの輪)が即座に解散することである。このカルト教団の教義や修行法も、全て存在してはならない。オウム教団は「我々信者は教団がなくなったら、行くところも帰るところもない」という。しかし、事実はそうではない。信者の親は皆、子供たちが帰ってくることを切に望んでいる。熱心に「家族の会」に参加し、なぜ子供たちがカルトに入信してしまったのかを真剣に捉え、親子家族関係を見直そうと学んでいる。また、本当に身寄りのない信者は個別に弁護士に相談し、対応を求めることができる。

メディアや文化人の中には「現教団には、もはや危険性はない。彼らの信仰の自由を認めるべきだ」「国家権力による行き過ぎた対応だ」と発言するものもいるが、それは誤った一方的な意見だ。オウム信者を持つ親の悲しみや苦悩を全く理解していない。私は、このような発言が起こる度に「オウム信者家族の会」の代弁者として、語り続けている。

オウム文化人を批判する　親の視点の欠如
思想家に愛はあるのか

オウム事件以後、中沢新一はオウム擁護論者として、様々な方面から批判を受けてきた。坂本弁護士一家殺人事件直後には、中沢新一は松本智津夫と対談し、週刊誌ＳＰＡにて「狂気がなければ宗教じゃない オウム真理教教祖が全てを告発」と述べ、オウム真理教「擁護」の論調を展開した。また、週刊ポスト「オウム真理教のどこが悪いのか」では、オウム真理教や松本智津夫の人物像を以下のように語った。

「僕は彼が顔に似合わずとても高度なことを考えている人で高い意識状態を体験している人だと認めています。日本のいまいるいろいろな宗教家の中でも知性においてかなり上等なレベルにいる人だとおもいました」

この彼の影響力ある発言が、多くの若者がオウム真理教へ入信するきっかけとなった。

そして、地下鉄サリン事件直後の脱会に悩む信者との以下の対話は、様々な物議を醸した。

「ね、高橋君。オウムのサリンはどうして(犠牲者が)十人、二十人のレベルだったのかな。もっと多く、一万人とか、二万人の規模だったら別の意味合いがあったのにね…」

これはさもオウムによるサリン事件が宗教的革命かのように賛美する発言として、彼の言説の問題性が論議されることになるが、これらの中沢新一への批判は、島田裕巳が『中沢新一批判、あるいは宗教的テロリズムについて』の著作において、様々な角度から問題性をあぶり出している。

私は中沢新一と同じチベット仏教を学ぶものとして、彼を一点において批判しなければならない。オウム事件以後オウム現役信者をカウンセリングする過程で、私はある現役オウム信者のご両親から脱会カウンセリングを相談されていた。その中である問題が発覚し、中沢新一の問題性が浮き彫りにされた事実があったのだ。

この信者はオウム事件以後も長く教団に留まりながらも、特にオウムが起こした一連の事件に疑問を持ち続けていた。しかし、もしもオウム教義が本物ならば脱会は「地獄への道」に繋がると密かに恐れ悩み続けていた。一方で私はオウム事件以後、長い間ご両親や家族のカウンセリングを通して、教団内に留まる子供へのコンタクト、対話への道を探り、親の苦悩を聞きながら、真実の愛を様々な方便を持って子供に伝えることを試みてきた。オウムから脱会させたいという子供への真剣な想いは、子供の心の中に少しずつ「ゆらぎ」が起き始めていた。

そしてある時突然、子供が自宅に帰ってきた。子供は教団内で何かの秘密を知ってしまい恐ろしくなったと言うのだが、恐怖心から決してその内容を口にすることはなかった。秘密を知った彼は、「教団を抜けたいが、辞めれば地獄に行く」というダブルバインド（二重拘束）の状態に酷く苦悩する日々が続いた。

そこで彼は、当時のオウム教団の代表であった上祐史浩に相談に行った。「教団が引き起こした一連のオウム事件は、本来の慈悲や救済を説く仏教の教義に照らし合わせると、どうしても納得がいかない」と、オウム教義の矛盾と反社会性を問うたのであった。彼の真剣の問いに、上祐史浩はオウム教団の代表としても説得することができず、そこで「どうしても納得ができないのならば、『中沢新一』に相談にいくといい」とアドバイスをした。

彼は、中沢新一に脱会の後押しをしてもらいたい気持ちがあったのかもしれない。しかし、中沢新一と会った彼は、驚くべきアドバイスを聞くこととなった。

「君が本当に密教を修行したければ、君が帰るところは一つだ」とオウム教団に帰ることを促したのだ。

ご両親はこの事実を聞いて、胸が引き裂かれるほど号泣された。「なぜ一言、『親の元に帰って家族を安心させてやりなさい』と言えなかったのか」「偉い思想家なのか知らないが、家族を破壊し、親子を引き離すそんな教えが仏教にあるのか」「大学で教える教育者として、これが正しい判断だったのか」と、中沢新一を批判された。

ご両親は今まで必死に子供の説得を続けてきていた。ある時は優しくある時は一歩も譲らず、親の思いを伝えてきたのだが、この中沢新一の一言が脱会への機会を閉ざしてしまった。「なぜ、教団代表の上祐史浩(当時)が中沢新一との対話を推薦したのか」「上祐史浩と中沢新一はどのような関係なのか」「今までにも上祐史浩は、中沢新一に相談など対話を交わしているのか」 そして、「この一言が、子供の親をどれほど悲しませるものか、中沢新一は理解していたのか」

ご両親の悲しみの中から、様々な疑問が湧き出てきた。

その後も、ご両親は、ある時は修羅場となりながら、またある時は妥協しながらも、子供との長く苦しい説得と忍耐の時間を持ち続けている。しかし今でも彼は、オウムの教えの呪縛から抜け出せず、自宅に留まりながらも「在家」としてオウムのセミナーに定期的に通っている。彼は親の愛に感謝しながらも、影響力のある人物から、オウムを抜け出せない強烈な楔(くさび)を打たれてしまったと家族は嘆いている。

思想や哲学は、人が生きる上で重要な道標であり精神的糧である。しかし、その思想や哲学が他者の人生や家庭を崩壊させるものであってはならない。人を悲しませる宗教者は間違っている。大学で教える教育者でもある中沢新一が、次に彼に会う時には「あの時は間違ったことを言って、済まなかった」と、彼とご家族に謝っていただきたい。

第三章　オウム教義を論駁する

カルト教義から正法へ

オウム真理教の教義は、仏教やヨーガ理論をベースに成り立っているが、ここではその教義的誤謬を指摘する。

カルトのマインドコントロール

カルトはマインドコントロールの手法によって、個人の人格を教団のユートピアを実現するためには手段を選ばないカルト的人格に作り変えてゆく。カルト的人格は一般社会の常識や規則を完全に否定し、時には破壊的手段を使ってもカルト組織の理論を主張する。米国ではオウム真理経は破壊的カルトのテロリスト集団として認定されている。オウム真理教は、まさに純粋な宗教とはかけ離れた「宗教の皮を被ったカルト」である。

反社会的カルトの特徴は幾つかある。まず第一には「嘘をつくこと」である。これは教団の利益のためには社会や国家の規則や法律など一切守られることなく、「教団のため、教祖のため、真理のため」と違法行為すら自己正当化する。

二番目には「信者の自由を支配すること」である。実際、教団内では、事件に対して疑いや迷いを持つ信者もいるのだが、「帰依が足りない。やめれば地獄に落ちる」などと恐怖心を植え付け、生活のあらゆる面において二四時間支配する。また、個人の財産や人間関係を完全に奪うことで、脱会しようにも実際には困難な状況に置かれている。

三番目は「世紀末思想によって、恐怖感や危機感をあおり立てること」である。「教団の信者以外の者は救われない。だから凡夫を救済しよう」といって信者勧誘を勧める。この「救済」の名の下で数々の凶悪犯罪が行われたことは、オウム法廷で明らかにされている。

このように、カルト組織はマインドコントロールの手法が込められた教義によって信者の思想、感情、情報、行動の全てを支配し、社会に対して脅威的集団となる。

カルトは破壊的側面を持つ反社会性故に、私たちは決して認めることはできない。私たち一人ひとりがカルトに対する知識と情報を持つことは、自分や家族、社会を守る楯である。一般に、マインドコントロールとは魂を抜かれたようなイメージを持つ人がいるかもしれないが、むしろカルトマインドには狂信的で強烈な自我が存在する。このカルトマインドは人間関係を全て否定し、集団が共有するユートピアのみに価値を置く、自己閉鎖的な自我の投影である。オウムのカルトマインドは間違った仏教教義と、ハルマゲドンの世界最終戦争に対する人類救済という世界観に支えられている。オウムの教義も典型的なカルトの教えであり、その教義的罠の問題性を見抜かない限り、真の解決とはならない。

マインドコントロールを解く鍵

仏教の根本教義は仏、法、僧である。その中でも、法の理解が最も重要である。この法はさらに経蔵、律蔵、論蔵と分けられ、歴史上大蔵経典としてまとめられてきた。

これら八萬四千門の教えと言われる仏教の本質は、般若波羅蜜であり、シュンニャーター（空性）を理解することにある。この言語を跳躍した空性の理解は、昔から様々なスタイルで伝えられてきた。ナーガルジュナの中観哲学は、これを論理的に解き明し、膨大な論釈をもつ学問体系である。インド後期中観哲学をそのまま受け入れたチベット仏教の全宗派が、この中観哲学に基づく教えである。また、インドから法脈を保つ師らが厳格なサマヤ戒と共にチベットに伝えたゾクチェンやマハームドラー、一方、菩提達磨によって中国、朝鮮、日本に伝えられた禅も、この空性を体得するための瞑想法であり、法脈であり、またその境地であると言える。

どの法脈であれ、この空性を理解するためには、勝義諦と世俗諦という、この二つの真理（二諦）を理解することが最も大切であると教えられる。勝義諦とは究極のリアリティである空性を理解することなのだが、この空性とはどこか他の世界ではなく、また苦行によって勝ち取るものでもない。この現象は空なるものに他ならず、空性であるからこそ現象化するからだ（色即是空、空即是色）。

一方、世俗諦には、地獄、餓飢、畜生、人間、アシュラ、天という六道輪廻が歴然と存在するし、因果の法則（カルマ）によって四苦八苦に苦しみ続ける。そして、その苦しみから抜け出すために、四諦八聖道やアビダルマ、また唯識といった様々な教えが存在するのだ。しかし、勝義諦である空性の理解のレベルにおいては、仏という対象さえ存在しない。それだけでなく、恐れを抱く地獄も希望を抱く天界すらも存在しない。ただ、これにおいては、自らの仏性としての心の本性、その空なる輝きだけなのだ。この勝義諦と世俗諦の二諦は不二なるものとして、般若と方便、智慧と慈悲と言い表されているように相互依存している。

二元論の罠

カルトの教えと同じくオウムの教義や世界観の特徴は、「善と悪」と「正と邪」の二元論に基づいている。例えば、「悪いカルマや悪行を修行によって浄化して、解脱しよう」「ある陰謀集団に世界を征服されないように、人類を救済しよう」など、教団は善であり世間は悪であるという恐怖心を植え付け、ある種のユートピア思想によって情報、感情、思想、行動を支配してゆく。

仏教を騙るオウムの教えの最大の問題点とは、空性という般若の智慧の無理解、本来の仏教が説く「解脱と輪廻」という二元構造を乗り越える「空性」の理解が完全に欠如していることにある。

空性という存在の本質は何の実体もなく本性もない、主客を離れたものとして示される。仏教ではこれを空性、心性、法性、般若、智慧、明知、光明、勝義の菩提心、仏性などと様々な呼び名で語られているが、全ては同じ本質を指している。この空性の理解なくして、どれだけ瞑想やヨーガを行じてすばらしい神秘体験をしようとも、新たな我見を生むだけである。

心が全ての相対的こだわりから解放されたとき、「解脱」と「輪廻」、「天国」と「地獄」にとらわれることのない本当の安らぎにくつろぐことができる。それは「心が生み出す二元論」からの真の解放である。そして空性の理解に至ることで、心からの慈悲として行動が生まれる。オウムの教えを仏教的教義と照らし合わせることで、カルト特有の二元論的思考という根本矛盾を知ることとなるのである。

鏡の世界とその本質（二つの真理）

釈迦牟尼仏陀の解脱の真髄とは、この世界は宇宙神や創造主が存在すること（常見）なく、また虚無なるもの（断見）でもなく、すべては縁によって生じ縁によって滅するものであるという縁起（正見）を説いたところにある。存在とは有でも無でもない。この縁起の哲学がさらに深められ、空性の認識にたどり着いた。仏教を理解する上で、縁起と空性を理解することが一番重要であると言われている。特にチベット仏教では、すべての宗派がこの空性の体得をめざす中観哲学に基づいている。諸仏や諸菩薩、柔和神や憤怒神の観想法、チャクラヨーガ、止観の瞑想、そしてゾクチェンやマハームドラーといったチベットに伝わる様々な流派の瞑想法は、この言語を跳躍した空性を理解するための手段であると言っても過言ではない。チベット仏教の修行者は、四諦八聖道や十二縁起、アビダルマ倶舎論や唯識などと様々な仏教哲学や教えを学んでゆくが、それは中観哲学が説く空性を論理的に深く理解してゆくための道である。

この空性を理解する上での最も重要な点は、世俗諦と勝義諦という二つの真理（二諦）を学ぶことにある。この二つの真理は、独立して存在するものではなく、不二なるものとして切り離すことができない。不二なる存在の本質を二諦として理解できると、解脱とは何か神秘的なものでも超越なるものでもなく、存在を自らの心の本質として、ありのままに捉えることができ、日常という存在の中にくつろぐことができるようになる。

世俗諦とは、心が創り出す現象世界である。つまり、人は六種の根本煩悩（怒り、欲望、無知、我見、嫉妬、高慢）によって心が働き、カルマを生みだす。そのカルマの行いによって地獄、餓鬼、畜生、人間、阿修羅、天界の六道世界を創り出している。この「心の働き」をチベット語ではセムと呼んでいる。つまり、セム自身が六道を生み出す源であり、セムが六道を輪廻しさまよい続けている。無明にとらわれたセムを整理整頓するために、仏教には多くの戒律、四諦八聖道や十二縁起、アビダルマや唯識といった様々な教えが存在する。

しかし、勝義諦においては、セムの本質をそのままに捉えようとする。この心の本質（心性）をチベット語では、セムニー（ニーとは本来の状態という意味）と呼んでいる。セム（心）はセムニー（心性）を土台として働いている。心性のレベルにおいては、地獄も天界も存在しない。なぜならば、地獄も天界もすべてが心の働きの産物だからである。この心性は空性と同じ源であり、限りない心性の広がりが空性そのものである。

しかし、光輝く本質を持つ心性に心の活動が一瞬でも湧き起こると、光の本質を色形として対象化して認識してしまう。認識する主体は、その客体である色形にとらわれ、執着という煩悩が起こる。心が創り出す対象を客体視をすることで、六道輪廻の中に苦しむ結果となってしまう。勝義諦では、心の働きの背後にある大いなる心の空間そのままに只留まるのみである。

仏教では勝義諦の本質を、心性、空性、法性、般若、智慧、明知、光明、勝義の菩提心、仏性と様々な呼び名で語られているが、すべては同じ本質を指している。チベットの仏画の中でよく知られている六道輪廻図には、この二諦（二つの真理）が秘められている。

六道輪廻を支配するマーラが持つ鏡には、六道が映し出されている。すべての衆生は六種の根本煩悩の心の働きによって、地獄、餓鬼、畜生、人間、阿修羅、天界をさまよい続けている。六道輪廻をさまよう衆生の姿はリアルである。ところがこの鏡の本質には、地獄の苦しみも天界の喜びも、カルマも輪廻も存在しない。鏡に映るものがどんなに汚れていようと、高貴な神であろうとたとえブッダであろうとも、鏡の本質は、まったくその姿に染まることも影響されることもないからである。仏教が説く「解脱」「一切智」とは、この鏡の世界の本質である空性を悟ることに他ならない。

しかし、鏡に映る姿（世俗諦）は、その本質（勝義諦）から切り離されて存在する事もない。般若心経で説かれる「色即是空 空即是色」の理解がここにある。つまり、現象世界の中に空性という真理が秘められているのだ。鏡の世界とその本質は不二なるもの、相互依存の関係にある。伝統的にはこの二つを「方便と般若」「慈悲と智慧」と呼んでいる。「世俗諦と勝義諦」という二つの真理を知る菩薩は、カルマに苦しむ衆生の捉われの心に対して、不生不滅なる空性を差し示す役割を持っている。そして、空性を知る故に、何ものをも恐れることなく慈悲の心を持って六道に分け入ってゆくことができる。

仏教を騙るオウムの教えには、この空性の理解が完全に欠落しているのだ。

オウム教義の誤謬「カルト理論の二：八の法則」

オウムの教義は、小乗のレベルの教え、大乗のレベルの教え、クンダリニーヨーガのレベルの教え、そしてヴァジラヤーナの教えのレベルと、段階に説かれている。

オウムが説く小乗や大乗のレベルの教えは、さほど逸脱したものではない。もちろん出家や布施など細かな点では問題はたくさんあるのだが、このレベルでの修行や教義においては、さほど危険なものではない。むしろ、このレベルの教えにおいて、伝統仏教と同じだと勘違いさせるほどだ。真面目に修行する信者にとって、「出家をする」「虫を殺さない」など極端な教えと修行がむしろ新鮮であるという。

小乗の十二縁起、大乗の六波羅蜜や四無量心を基本として、オウム独自のカルマ論は、教団に入信した若者にとっては、「世間や学校で学んだ価値観とは全く違う」「これが本当の真理だ」と感じさせ、オウム教義にのめり込む根拠になっている。特に、死に対する苦しみや無常観が強調された。どんなに財や地位を得ようと、死が訪れた時にはすべてが価値のないものとなってしまう。私たち人間は、愛欲に満ちた煩悩に悩み、悪いカルマを持つために苦しんでいる。だから、今生で修行を行うことで解脱を達成することができるのだと、多くの人を出家に導いていった。

これは、「カルト理論における二：八の法則」として、カルトを見抜く重要なポイントである。二：八の法則とはパレートの法則とも言われ、自然現象や社会現象を読み取るいわゆる経験則的なものである。カルトのマインドコントロール理論も、この二：八の法則によって捉えることができると言われている。それは、８０％の真実と２０％のカルト理論によって、情報をコントロールしてゆく手法である。

オウム真理教の教義を分析してゆくと、「小乗の教え、大乗の教え」は詳細な部分は別として、大方は間違いはないと言える。むしろ、多少仏教を学んだ者がオウムの教義を知ると「正しい教えじゃないか」と誤解してしまうところに危険が潜んでいる。しかし、問題はオウムの言う「ヴァジラヤーナの教え」にある。このオウムの説く間違った「ヴァジラヤーナの教え」は殺人肯定理論となり、数々の事件を生み出す根拠となってしまった。

この間違った教義は、二割八割として正確に割り切れるものではなく、一：九でも、三：七でもあり得、数値は問題としない。問題は、多数値という正当性の中に間違った教義や教えといったほんのわずかな「カルトの罠」が潜んでいるということである。つまり、カルトの情報や教えに触れた時、多くの人はこの８０％の正しい情報を得ることで、残りの２０％も「正しいであろう」と推測し、全てを受け入れてしまうのである。ましてや、「この教祖は、命をかけて正しい教えを説いているのだから、解脱しているに違いない」とカルト教祖の人格さえも受け入れてしまうのである。

小乗のレベルの教え、大乗のレベルの教えにおいて、「出家をする」「虫を殺さない」「死は必ず訪れる」など、極端に強調するほど、オウム教義は正当化される。その体験からさらに、クンダリニーヨーガのレベルの教え、ヴァジラヤーナの教えのレベルと、全てを正当化してしまう危険性があるのだ。

神秘体験と精神の物質主義

オウム真理教へのもう一つの強い入信動機は、神秘体験である。クンダリニーが上昇する、そのプロセスで空中浮遊や超能力が得られる、そして三昧や解脱が得られるという体験をすることが圧倒的な理由に上げられる。そこには八〇年代のオカルト志向やチャネリングなどといった非日常的な現実を体験への希求や、ヨーガや気功といった身体の微細なエネルギーシステムの会得といった、多くの若者の欲求が時代背景にあったことも一因であろう。

麻原教祖のクンダリニーヨーガの原点は、六派哲学の中の一つ、ヨーガ行派の理論と実践に基づくものである。特にパタリジャンの「ヨーガスートラ」が彼の愛読書であり、オウムがタントラヤーナと位置付けている実践修行法である。

クンダリニーヨーガとは、プラーナヤーマ（呼吸法）とアサーナ（座法）を用いて、身体にある三つの管とそこに流れる気エネルギーによって、体の各部分にある七つのエネルギーのセンター（チャクラ）を開発してゆく行法である。

麻原教祖のクンダリニーヨーガ体系は、基本的にはさほど逸脱したものではない。ただ幾つか疑問にすべき点がある。その一つは強引なまでもクンバカやプラーナヤーマの呼吸法によってクンダリニーを上げようとする姿勢である。クンダリニーが眠る会陰のチャクラを始め、各七つのチャクラは修行者の微妙な思考や感情と結びついている。あるエネルギーのセンターに精神的ブロックがある場合、それを無理やり押し開き、クンダリニーを上昇させようとしても、なかなか成功しないのだ。そのため、「それはカルマの結ぼれを一つひとつ丁寧にほどいてゆくプロセスである」と言われるほど、よく心を観察しながら、慌てず確実に見極めてゆく様に指導されるのである。

オウムの修行の基盤は、会陰に眠るクンダリニーエネルギーを覚醒させ、身体の各チャクラを開発することで様々な超能力を得るクンダリニーヨーガが中心的な位置を占める。この「アストラル界」といわれる修行階梯のレベルでの様々な体験は、すべて教祖への絶対的帰依のもとで実現されるのだと強調している。グルへの絶対的帰依のもとに自分で一切何も考えることなしに従うことで、グルから「霊的エネルギー」を授かり、様々な神秘体験や超能力が得られるのだと説く。このように麻原彰晃は最終解脱者として、信者に対する絶対的存在として位置付けられることになった。オウムの修行とグル麻原の関係は、とても密接なものである。

しかし、ここには大きな罠がある。それは神秘体験をしたい、光を見たい、早く解脱をしたいと期待する修行者と、それを導く教祖またその閉ざされた状況という関係である。つまり、修行者は食事や睡眠を徹底的に制限され、極限の苦行によってクンダリニーや光といった神秘体験を求める。そして、教祖はこのような体験を解脱のプロセスだと導く。この期待を持って体験を求める者とその期待を導く者との関係は「相互幻想」を生み出すものである。さらには、教祖自己流の理論的な方向付けという以上に、そこには教団内における昇進と密接な関係があったようだ。

元信者N君のオウム教団内での瞑想体験談は興味深い。彼はオウム教団の初期の出家者であった。解脱を求め、麻原教祖の指導の下で、クンダリニーを上昇させるため、光を見たいと、一生懸命に極限修行を行っていた。しかし、光を見たい、早く解脱をしたいという彼の期待とは裏腹に、その神秘体験はなかなか訪れない。そこで、彼は教祖への瞑想体験報告レポートに「私は瞑想中に銀色の光を見ました。そして、その光に包まれた私は、至福の状態を味わいました」というウソのレポートを提出した。しかし、驚いた事に、それはあるステージの解脱の印だと教祖から認められ、教団内での瞑想指導者という昇進を果してしまったのだ。教団内で昇進することによって、立場は天と地の差がある。しかし中堅幹部となったN君は、徐々に醒めた目で回りを見るようになっていった。神秘体験などなくても虚偽の報告で昇進した自分が重用された。この教団の中で真の教えとは何だろうか。一人ひとりは良い人なのだろうが、何か狂信的な教団の気配に恐ろしくなり、事件前に脱会を決意した。

オウムにおいて神秘体験を強烈に売り出し、その体験を決定的なもの位置付けたものに、「シャクティパット」と呼ばれる教祖からの「エネルギーの注入」がある。「シャクティパット」とは額に指を当て、教祖のエネルギーを流し込み、修行者の会陰に眠るクンダリニーエネルギーを呼び覚ます助けをするものである。確かに、麻原教祖自身もクンダリニーヨーガの実践を通してある種の体験を持ったことだろう。

しかし、このプロセスで一番問題とされることとは、その体験自体を客体化してしまうことにある。つまり、光が見える、エネルギーが感じられると言う、内なる微細なエネルギーや心的作用を認識した次の瞬間に、その体験自体が客体化されてしてしてしまう。

これが、仏教の視点において一番問題なのだ。禅では、この微妙な客体化を「魔境」と呼び、これにこだわることを戒めた。クンダリニーヨーガやこの種の身体技法の修行の中には、常に認識する主体と、認識される客体という微妙な関係が存在することに注意しなければならない。マハームドラーの教えを守り伝えるカギュ派のラマ、故チョギャム・トゥルンパは、この罠のことを「精神の物質主義」と呼び、仏道修行者に「修行のプロセスにおいて、この精神の物質主義に陥るな」と一貫して忠告している。

教祖によるシャクティパットによるエネルギーの注入、教祖のエネルギーが入った残り湯のミラクルポンド水、教祖の毛髪、さらにはイニシエーションと呼ばれる様々な儀式、また教祖のデータを取り入れるためのヘッドギアなど、オウムの教義と修行のすべてが、この「精神の物質主義」によって成り立っていると言っても過言ではない。オウムのヨーガにおける神秘体験は、「精神の物質主義」として、戒められるべき体験の罠、「魔境」なのだ。

オウムの教義は、この「精神の物質主義」という罠に完全に陥ってしまうことで、本質的な輪廻の二元性に囚われてしまう。いかなる微細な心的活動であろうが、この意識の客体化こそが「精神の物質主義」であり、それが「魔境」であると指摘されるべきものなのである。「精神の物質主義」が心の中に存在する限り、ゾクチェンやマハームドラーがめざす、心の限りない広がりや深まり、そして純粋な輝きを知ることはできない。

クンダリニーヨーガ、チャクラヨーガなどの高度な密教身体技法とは、本来人間の生体エネルギーとしての微細なプラーナの身体を「楽」として認識することにある。それを捉える高次の意識が、そのまま「空」を体得する智慧の覚醒である。この「空楽不二」の境地が、密教ヨーガの真髄である。

伝統的な金剛乗の教えの本質は、心が創り出す全ての二元的な思考を捉え、意識の根底にある心の本性をありありと見つめることだ。伝統的行法では、修行者が各チャクラに結ぼれた心的ブロックを外すことができると、身体の微細なエネルギーを感じられるレベルにまで深めてゆくことができる。この心と身体が共に「極めて楽ある状態」を体験をすることができたならば、次に師は修行者の心の源、心の本性を直接見つめる段階へと導いてゆく。

この心の本性を見つめるレベルには、瞑想する対象が存在しない。これは、精神集中でもなく、神秘体験でもない。対象の不在という瞑想は、ただただ「不二なる覚醒状態」に留まるだけの禅定なのである。

修行者が心を対象として捉える限り、心の本性を見ることはできない。クンダリニーエネルギーや空中浮遊といった神秘体験や超能力を解脱だと信者に対し体験を方向付け、条件付けることは、「出家」「極限修行」「神秘体験」「解脱」というオウム独自のマインドコントロール理論と密接に関わっている。それはカルトマインドを形成してゆく危険な罠の階梯なのである。

殺人肯定理論ヴァジラヤーナの教えの間違い　教祖の戯論を見抜け

オウム教義の最大の問題は、殺人肯定理論と化した麻原の説くヴァジラヤーナの教えに集約されている。麻原の一番の問題は、金剛乗をデータの移し換え、グルのクローン化として捉えたことである。弟子の間違ったデータ、悪しきカルマを、グルの霊的力によるカルマ落としによって解脱へと導くという。そのためにグルに対し、１００％の絶対的帰依を求めていった。このカルマ、カルマ落とし、グルのデータの注入、解脱という直線的方向性を持つ考え方は、本来の金剛乗の教えとは全く違った考え方である。

金剛乗の根本目的は、神や仏を観想することでも、微細なエネルギーのクンダリニーを覚醒させることを主眼とするものでもない。また戒律やカルマなどによって自分自身をどこかへ追い込んでいくことでもない。これらの行法はすべて自らの心と身体を浄化させてゆくプロセスに他ならない。

金剛乗がめざす根本とは、自らの心の本性（セムニー）を知ることにある。この心性を知らずして、どれだけ観想やヨーガを行じてすばらしい神秘体験をしようとも、新たな我見を生むだけで、むしろそれは危険であると伝統的に戒められてきた。本来、金剛乗は大乗の内にある教えと位置づけられ、真の菩提心を理論的にまた実践的に理解したものだけに、その内なる心の教えが口伝として差し示されるのだ。そして心がすべてのこだわりから解放されたとき、「天国と地獄」、「ブッダと修行者」、「解脱と苦」という囚われのない本当のやすらぎにくつろぐことができる。それは心が生み出す二元論からの解放である。

麻原の説くヴァジラヤーナには、だれもの心の内にある光輝く心の本性を捉えようとするアプローチがまったく欠落していた。ましてや、教祖自身が自ら作り上げたハルマゲドンや世界最終戦争といった鏡の表層の世界観、対立という二元論の中に捉われている。仏教がめざす空なる本質を知ることなく、自らが作り出した心の表層に自らが巻き込まれてしまった。さらには、教団と弟子たちをも巻き込んだ仏教史上希にみる凶悪な犯罪を犯す悲劇を作り出してしまったのだ。

麻原教祖自己流のタントラ・ヴァジラヤーナの解釈の誤認は、さらに肥大してゆく。それは次の教祖独特の「財」「刹生」「邪淫」の考え方によく現わされている。次に挙げるのは、麻原がセミナーで信者にヴァジラヤーナについて問いかけた一例だ。

例えば、ここに悪業をなしている人たちがいたとしよう。そうするとこの人たちは生き続けることによって、どうだ善業をなすと思うか、悪業をなすと思うか。そして、この人がもし悪業をなし続けるとしたら、この人の転生はいい転生をすると思うか悪い転生をすると思うか。だとしたらここで、彼の生命をトランスフォームさせてあげること、それによって彼はいったん苦しみの世界に生まれ変わるかもしれないけれど、この苦しみの世界が彼にとってはプラスになるかマイナスになるか。プラスになるよね、当然。これがタントラの教えなんだよ。ただ、これは深遠で難しい。どうしても心の弱さがでると。（中略）しかし完璧に悪業をなしていて、もう全く真理との縁がないと。この人はトランスフォームした方がいいんだ、本当は。
（一九八九年四月七日　富士山総本部　ヴァジラヤーナコース教学システム教本）

このような間違った教えは金剛乗のどこを探しても存在しないことは言うまでもないが、中でも麻原教祖が語るヴァジラヤーナの教えで、最も問題となるものが「ポア」という殺人肯定理論である。（オウムではポアと言うが、チベット語表記ではポワ（ｐｏｗａ）と表記される）

ここで言うトランスフォームとは、ポアを意味する。「この限りない宇宙の生々流転、輪廻転生の視点から見ると、生命とはただの小さな現象に過ぎない。オウムの小乗のレベルは、個という苦しみから解放されることのみを求めるのに対し、大乗のレベルでは、個への救済という善業による解脱を説く為に、大乗の方が貴いとされる」「金剛乗では、この大きな宇宙の流転から生命を見た時、その個の生命を高い所へ引き上げるために、また多くの衆生を救うために、個の殺人もやむなし」という麻原教祖自己流の間違った殺人を肯定する考え方に至ってしまった。

伝統的なポワの教えとは、もちろん人を殺すことを意味するものでは全くない。ポワには「意識の転移」という意味がある。一般には、「意識を阿弥陀の浄土に移す行法」を凡夫のポワと呼ぶが、修行を深めてゆくとポワの本質とは、肉体を失った時でさえ、心の本性という覚醒意識を保ち続け、自我の閉ざされた意識から本来の限りない意識空間へと解放してゆくことであると知ることだ。心の訓練をしていない人は死を迎え入れる時に、余りの恐怖心のために気絶をして意識を失ってしまうのだが、心の本性を知る修行者は自覚を持ったまま死を受け入れ、死を望んで迎え入れることができる。どの様な状態にあろうと、空性を自覚し続け、広大な心の本質に留まる瞑想法をポワと呼んでいる。本来、ポワには五種類あると教えられる。それは、法身のポワ、報身のポワ、応身のポワ、グルのポワ、凡夫のポワの五つである。中でも法身のポワがポワチェンポ（大いなる転移）と呼ばれ最も高次のポワとされ、他の四つのポワの行法は方便行であると言われているほどである。空性と不二なるこの法身への意識の転移こそが、ポワの究極の目標なのである。

ここで問題とすることは、麻原教祖によるこの二者択一の罠である。オウム信者は教祖が示す情報データの中で、イエス・ノーという二元的な論理をもってヴァジュラヤーナを理解しようとしたところに、一番の問題がある。しかし、もしもあなたがこのような問いを投げかけられたら、どのような答えを下すだろうか。

たとえ師からこのような問いを語られたとしても、「これは戯論である」と笑って答えるべきであろう。つまり、この問い自体が、善業、悪業と言う言葉や名前のイメージによって構成され、実在しない世界を創り上げ、そこに与えられた概念によって状況を二元的に判断してしまうところに問題があるのだ。「完璧に悪業をなした人」がどこに存在するのか、私たちはその人の名前も、性格も、その人の生き様も何一つ実際に知ることはない。もしも、この「完璧に悪業をなした人」に本当に出会い、言葉を交わし、その人の人生観を知ったその時、初めてその場に立ち、自覚を持って対応をするべきであろうが、もしも、それがただの観念的な「ある人」ならば、ヴァーチャルな虚構のイメージの世界として、その問いは「戯論」であると見抜かなければならない。虚しい議論であるとその問い自体を否定し、笑い飛ばすことだ。

ブッダは、このような「戯論」に対し、判断停止をするか、あるいは「無記」として、取り扱うことを禁じた。つまり、この言葉と観念によって創り上げたヴァーチャルな虚構の存在を、実体視してしまうことを、その捕らわれ自体を指摘しているのだ。

経典や口伝には、修行者に対して「正しい四つの依り所」として示されている。その一つは、我見に依らず、正しい経典に依ること。二つ目は経典の言葉に依らず、意味に依ること。三つ目は、観念的意味に依らず、深い思索に依ること。そして、四つ目は、思索に依らず、自覚に依ることである。本当の師とはこの自覚を弟子に促す役割である。修行者も盲信的に師に頼るのではなく、師との関係さえも自覚を持って接しなければならない。

閉ざされた教団の中で、教祖のヴァジラヤーナのデータを鵜呑みにして、何の実体もない世界に、イエスかノーかの判断を下してしまったことに大きな間違いがあった。私たちは、この教祖の戯論という「二者択一の二元論的罠」を見抜かなければならない。

カルト教義から正法へ

オウム信者の脱会カウンセリングにおいて、一番問題となるのは彼らの心の中に残っている教祖の存在とその教えである。

麻原は初期にクンダリニーヨーガを修行のプロセスとして指導してゆくが、その後ヴァジラヤーナの教え、グルヨーガの修行がそれに取って変わり、最上位のものとなった。教祖に対する絶対的帰依により、弟子はそのまま教祖のデータを受け、クンダリニーヨーガよりも早く解脱ができるというこのグルのクローン化をヴァジラヤーナの修行、マハームドラーと呼び、多くの修行者を間違った方向に導いてしまった。

もちろん、これは伝統的な金剛乗のグルヨーガの行法やマハームドラーとは、全く違った考え方である。修行者にとって、グルや師とは、修行者の心の内にある心の本性、開かれた純粋なる意識を示してくれる存在、道標なのだ。この誰もの心の内にある、心の本質を知ることこそが、仏道修行の根本目標であり達成だ。本当のグルや師とは、自らの心の内にある仏性を知ることである。仏性と言う、この内なるブッダの自覚こそが、金剛乗の本質であると言ってよい。しかし、外に本質を求めてしまったオウム信者は、自らをブッダとは気がつかず、外へとブッダを探し求めてしまった。

伝統的なチベットのラマや禅宗の老師は、この師弟とダルマの関係を、「水に映える月」として指し示してきた。この「水に映える月」とは、このリアリティの本質である空性を表す直喩である。この全ての現象は、鏡のように水に映る虚像であり、何の実体もなく、本性がないことを示してきたのだ。また、こだま、蜃気楼、幻影、陽炎、露、水泡、電光、雲などと、多くの経典や論書には、リアリティの本質とはこのようなものであると伝えられてきた。この全ての存在が空性であることを、一瞬の気付きの中で弟子の心に伝える。このような心の本質を指し示す教えを、ゾクチェンではセムティと呼び、禅宗では公案や見性として伝えられている。そしてこの時、師は弟子にこう語る。「水に映える月こそが、ダルマ（仏法）の心髄である。師の指はそれを只指し示すものにすぎない」と。

臨済義玄は禅のスタイルの中でも最も厳格な宗風を守った祖師の一人だ。彼が一貫して修行者に指し示したことは、自らの心の本性を知り、無為の真人となれと、語り続けたことだ。臨済が示すこの大いなる覚醒こそが、自らの心の中にブッダを知るという本当の意味である。そして、この大いなる気付きとは、麻原教祖が語る苦から最終解脱へ到るという直進的なものではない。このリアリティの本質である空性を理解することは、目から鱗が落ちる体験である。

今まで、自分にとって全てだと信じてきた「絶対なるもの」が、水に映える月のごとく虚像として見えた瞬間、全てがありのままに現れる。教義や解脱、救済やブッダという、言葉で創り上げげられた概念の雲を吹き飛ばした時、元々、自らの心の内にあった輝きが、笑いと共にこみ上げてくるだろう。誰もが自然と持っている、心の底から溢れ出る笑い。それを知る時、今、ただ一人、大地の上に二本足で立っていることに気が付くことができる。

カウンセリングを進める上で、ある元信者がこう語ってくれた。

「空性の教えを聞いた時、私はそれを全く理解できませんでした。ある時、お婆さんが横断歩道を渡ろうとしていました。なぜか自然と彼女の手を取って道の向こう側へ手伝ってあげる行動ができました。その時、お婆さんが「ありがとう」と、この私に手を合わせ拝んでくれたのです。私は喜びと共に心が限りなく広がり、何とも言えない心の暖かさを感じました。これが空性と慈悲の現れなのでしょうか。たぶん、教団にいた時の私はこう考えたに違いありません。こんなお婆さん一人位どうなったっていい。私はもっと崇高な人類救済の仕事をするのだからと」

彼にとってのこの体験は、目から鱗が落ちたように空性の理解に結びついた。解脱や救済という言葉で創り上げた概念の雲を吹き飛ばした時、元々自らの心の内にあった空なる輝きが、喜びと共にこみ上げてきたのだ。

全てを教祖にゆだねて解脱を得ようとするカルト的オウム的精神から、自らが精神的に自立し、人生を生きぬく心構え。また世間の中に、存在の答えを自分自身で見つめようとする努力と勇気と知慧。マインドコントロールを解くカギは、自らの心を深く見つめる眼にある。

それは二元論の罠を見抜くブッダの智慧である。

虚妄の霊「オウム顔」には何が憑いたのか

オウム真理教に入信した子供を持つほとんどの親が感じることは、「オウム顔」という現役信者の表情だ。感情を押し殺し、カルト理論に染められマインドコントロールされた何か心を奪われたような表情、子供に何を語りかけても教祖や教団の意識から離れないその冷酷な表情を「オウム顔」と呼んでいる。それは日がつり上がったキツネような表情で、無表情、無感情、外部とのコミュニケーション遮断の決意とも取れるものである。

カルト理論においては、「行動、思想、感情、情報」の四つをコントロールをし、「カルトマインド」を形成してゆく。この「カルトマインド」は、カルトに合う人格を形成するために、本来の自我を解体し「人格崩壊」を起こさせ、「変革」としてのカルトの教えを刷り込む過程を経る。反復、単調、特定のリズムなど、カルト教団の行動様式が、閉ざされた教団の中で植え込まれて、マインドコントロールしてゆくのだ。その手法は、生理的な欲求を剥奪し、断食や睡眠時間を短縮し、催眠状態を引き起こし、批判的判断を中止させる。また「おまえは欠陥人間だ」「無能だ」「霊的に堕落している」「悪いカルマだ」「地獄に落ちる」などと、精神的な極限状態へと追い込んでゆく。

オウム教団での「修行体験」は、まさに「出家」という隔離システムが、信者の日常生活を奪い、社会から隔離しプライバシーを剥奪することで、強烈なマインドコントロールを行ってきた。オウム真理教の教えは、カルト理論そのものを踏襲し、カルトマインドを作り上げていったのだ。

ここで別の視点から、このオウム真理教のカルト理論を捉えてみたい。それは、オウム信者の親が自分の子供に再会した時に、「別人のようだった」「何かに取り憑かれているようだった」「感情を押し殺した表情だ」などと、誰もが「オウム顔」というキツネ目の表情に愕然としたことに着目したい。

キツネ目の表情という「オウム顔」を、何かに取り憑かれている状態と見ることができるが、これは伝統的には「憑依現象」と言われている。「キツネが憑依した」「悪い霊が取り憑いた」と、民話や伝承の中でも良く言われる話である。また神道においては「懸かる」とも「降りる」ともいう。これは、行者がトランス状態に入り、その意識状態に外部から「ある霊体」が「憑依」「懸かる」「降りる」と捉えているのである。

オウムを審神者する

ここでは、オウム信者に何が取り憑いたのかを検証しなければならない。「オウム真理教の教祖」が取り憑いたのか、「教祖が作り出したカルトの教え」なのか。「もっと違う霊体」なのか。神道においてこの検証作業を「審神者（さにわ）」と言う。審神者は巫女に懸かった「霊体」が「どのレベルの霊体なのか」「どのような尊格なのか」を、霊的理論において審判する役割を行う。最近のニューエイジなどでは「サムシンググレート」などと言われているが、「何かわからないが大いなる霊的存在」と捉えるのではなく、その霊体を正確に「霊格」を位置付ける検証作業なのだ。

仏教において、この霊体の格付けというべき「霊的ヒエラルキー」は、はっきりと示されている。神が居住する天界には「欲界」「色界」「無色界」の三界が存在する。それぞれの天界の階層世界には、様々な神々が霊格を以て居住しているのだ。つまり、ある霊体を「サムシンググレート」として漠然とした存在として捉えるのではなく、ある霊体がどの存在なのか、どの天界に居住する霊格なのかを明確に見抜く作業、検証をするのが、審神者の役割なのだ。

仏教ではこの「三界」のどの天界も、解脱の境地、一切智の境地はない輪廻の世界の一部だと説く。まさに「三界に住処なし」である。

無色界　四禅定

　非想非非想処

　無所有処

　識無辺処

　空無辺処

色界　十八天

　四禅　色究竟天・善見天・善現天・無熱天・無煩天（五浄居天）

　　　　廣果天・福生天・無雲天

　三禅　遍照天・無量浄天・少浄天

　二禅　光音天・無量光天・少光天

初禅　梵天・大梵天・梵輔天・梵衆天

欲界　六欲天
他化自在天　欲界の最高位。天界の第の天、天魔波旬の居住処。
化楽天　五境の娯楽の境
兜率天　須弥山の頂上
夜摩天　快楽を受くる世界
忉利天　須弥山の頂上、帝釈天の場
四大王衆天　天王の場（持国天・増長天・広目天・多聞天）

ちなみに、以前メディアでもよく取り上げられた「守護霊」とは、チベット密教においては「餓鬼の霊」だと位置付けられている。審神者には、行者に懸かったある霊体が、どの天界の神なのか、または餓鬼の霊なのかを見抜く霊的理論と実践力が求められる。また、動物霊のような低級霊ほど「我は高い霊格である。高次の神である」と偽るのだと、伝統的な霊能力者の中では伝えられている。

餓鬼とは自分に満たされない欲を外部に求める意識である。自分の心の内に何か欠落感を感じているがために、外の何かでその欠落感を埋めようとする欲求である。人は内的問題を常に見つめ整理しておかないと、餓鬼の霊に取り憑かれやすいということである。餓鬼が餓鬼を呼ぶということである。

果たして、オウム信者にはどのような霊体が憑依したと見ることができるのだろうか。また麻原教祖自体には如何なる霊体が憑依したのだろうか。

憑依から変容へのオウム的修行　変性意識

オウム教団に入信する信者の動機は、現代社会の様々な社会問題に直面し疑問を持ち、その精神的出口を求めているケースが多い。また病気や精神的病などをヨーガや瞑想によって克服しようとするケース、そして社会的成功を経済的な面よりも精神的充実感を求めて入信してゆくケースなどがある。そのきっかけは、ヨガ、ヒーリング、自己啓発、スピリチュアル系等のダミーサークルを通してであったり、友人からの勧誘であったり、教団のユートピア、理想論に魅せられて入信してゆくケースもある。いずれも、内的葛藤や心理的社会的閉塞感を、教団や教祖にその解決を求めることが、入信動機の核となっている。

どのような宗教も入信動機は、このような純粋なものなのであろうが、残念ながらオウム真理教という縁が悪かったと、多くの脱会信者が後悔している。「縁が悪かった」その結果、多くの犯罪に巻き込まれ、あるものは言われるままに犯罪を犯してしまったことが、最大の不幸であった。

オウムに入信した信者は、教団内でのヒエラルキー、階級社会の中に閉じ込められる。それは教祖と教団への全面的な服従であり、カルト人格が強化されてゆく閉鎖社会であった。そのカルト人格を強化する「オウム的修行システム」、マインドコントロールによって、オウムの教えが維持・強化され、カルト的人格「オウム顔」として「再凍結」され、教祖への絶対的依存の心理状態が作り出されていった。

はっきりとした線引きは難しいもののオウムの教義に対応させてみると、「小乗大乗の修行」は「カルトマインドの憑依」として見ることができる。「世俗の苦」に対し「出家」を、「世間の成功」に対し「真理の追求」「解脱」をと、教団入信と修行の「決意」の意識はそのまま「憑依」として捉えるならば、それに対し「クンダリニーヨーガ」の修行は、「変容(トランスフォーム)」というオウム的修行過程と捉えることができる。この「変容の道」「トランスフォーム」というオウム的修行は、「マントラを唱える」「教祖を観想する」「ヨーガによってクンダリニーを上昇させる」などの修行体系として、今までの人格を新たな「人格」へと「変容」させるためのシステムである。

オウム教団内部における「変容(トランスフォーム)」の修行は、様々なアプローチが取られてきた。中でも「オウム的ヨーガ」の特徴であるクンダリニーヨーガの身体技法は、生理的剥奪状態、断食や睡眠時間の短縮など「意識の変容状態」をもたらすための様々なテクニックが隠されていた。また、信者自身も教義を学ぶ上で、高次の意識状態を求める精神的期待感を学習するために、自己変容の準備が整い、また極限状態や高揚感などから、批判的判断を停止し、どのような状況をも受け入れることができる心理状態を作り出していった。

「クンダリニーの上昇」「空中浮遊」「超能力」そして「最終解脱」などの体験を求める意識構造には、大きな罠がある。それは神秘体験をしたい、光を見たい、早く解脱をしたいと期待する修行者と、それを導く教祖と閉ざされた状況という関係である。つまり、修行者は食事や睡眠を徹底的に制限され、極限の苦行によってクンダリニーや光といった神秘体験を求める。そして教祖はこのような体験を解脱のプロセスだと導く。この期待を持って体験を求める者とその期待を導く者との「期待と状況」の関係は、相互幻想を生み出すものである。

つまり、オウム真理教においてマインドコントロールのプロセスが、「憑依」と「変容(トランスフォーム)」という、二段階のアプローチによる修行過程の中に隠されていたことに注目したい。

薬物イニシエーションによる神秘体験

また、この変容というオウム的修行のアプローチには「神秘体験」という罠が潜んでいた。そしてこの「神秘体験」は、ＬＳＤを使用した薬物によるイニシエーションの体験であった為、信者たちはさらに深い心の傷を負うこととなる。

それは、一九九四年から始まった「キリストのイニシエーション」「バルドのイニシエーション」「ルドラチャクリンのイニシエーション」など呼ばれていたもので、実際にはＬＳＤや覚醒剤などの薬物によるイニシエーションが行われていた。特に九四年六月から年末にかけて、全国から在家信者を集めて行われた「イニシエーション」によって、数多くの若者が出家に至った。それはまさに、「日本シャンバラ化計画」が実行されるときに、戦士としてテロを起こすための戦闘要員を育成するための大量出家であったのだ。

「イニシエーション」の体験は、集会場で麻原教祖からワイングラスに入った黄色い液体を飲まされる。それはＬＳＤや覚醒剤などの薬物である。その後、シールドと呼ばれる二畳ほどの個室部屋やコンテナにオムツを着用させられ「独房修行」と称し施錠監禁される。もちろん、信者たちはＬＳＤや覚醒剤を飲まされたという自覚はない。聖なる液体を飲む「儀式」である。

個室の前方には教祖の写真が置かれ、一台のビデオを見ることになる。ＬＳＤの薬物が効きだすと、幻覚が起こり始め、動物や地獄、餓鬼といった六道輪廻の強烈なイメージが現れて来る。この強烈な幻覚のイメージは、あらかじめビデオによって学習させられていたり、ビデオの中では「死」や「地獄」に関する様々な恐怖心を煽る映像が流し出される。

多くの信者は薬物体験などないため、今見ている意識が自分のカルマによって引き起こされ、その意識は来世へと何代も輪廻し続けるという強烈な「神秘体験」をする。このような地獄や死のイメージがＬＳＤの薬物によって深い意識の中に植え付けられてゆく。シールドと呼ばれる施錠された閉鎖空間の中で、どこにも逃げることもできず二四時間もの長い間、恐怖心に追い込まれ、精神的圧迫感と虚無感が増幅されてゆくのだ。この薬物イニシエーション体験によって、動物や地獄に生まれ変わる幻覚を何度も見て、まさに無限地獄の体験をさせられる。

これは明らかに精神的なリンチだ。彼らの恐怖心は、教祖に何とか救って欲しいと願い、ただひたすらに祈り続ける。教祖へと意識を向けると、目の前にある教祖の写真が光り輝き、地獄のイメージは一気に吹き飛ぶ。そして、ただひたすら地獄の恐怖を救って欲しいと一心に教祖への「帰依の詞章」を唱え続け、「自分の意識を助けてくれるのは、教祖しかいないんだ」という意識が、深く刻まれてゆく。この結果、「光の体験」が「神秘体験」として、深い意識の中に刷り込まれてゆくのである。

ここでも、この「神秘体験」さえもが、「死＝恐怖」と「光＝絶対的帰依」という「二元的体験」

の構造になっており、信者の心を支配してゆく。

オウム信者の信仰心を支えている根底にあるもの、また彼らが修行の核心と呼ぶ「神秘体験」とは、ＬＳＤ体験の恐怖＝死のイメージだった。彼らにとって薬物イニシエーションの体験は、死の疑似体験であり、自らの悪いカルマに直面させられ、「輪廻から救われるには教祖への帰依しかない」と、意識の深いところに刻まれる体験だったのだ。

当時の五〇〇〇人強の出家信者の中で約七、八割の信者が、この九四年の薬物による大量出家の人たちであると言われている。オウム信者が教団を辞められない理由は、このＬＳＤなどの薬物による強烈な死への恐怖感、教団を離れると地獄に堕ちるという脅迫観念からであった。

奥深い心の告白　オウムを辞められない理由

脱会カウンセリングが進んでゆくと、信者は心を開くことができ、自ら心の内を語りだしてくれる。教団内での嫌だったこと、不満があっても誰にも語れなかったことなど、対話が深まってゆく。そして、オウムの反社会的事件を客観的に認識し、オウムの教えの間違いに気づいてゆくと、最後に、薬物イニシエーションの体験を告白する。また、タイミングを探って、こちらからさりげなく聞き出すことも有効である。

「死は必ず来る。絶対来る。死はさけられない」という「死の恐怖」が、薬物イニシエーション体験の中で増幅され、教祖の霊的エネルギーのみが、それを乗り越える唯一の方法だと無意識の中に刻み込まれていった。信者は、余りに酷い「薬物洗脳」を受けたことさえも自覚したくないために、心の奥底へとその体験を追いやり、その蓋を「神秘体験」と経験名をすり替えることで教祖への帰依を深めていった。

しかし、今まで誰にも語れなかった「死の恐怖」の薬物イニシエーション体験を一度言葉にすることができると、心の奥底にある重荷を紐解き、心の奥底に深く刷り込まれた恐怖の支配から開放される機会を得る。そして「薬物洗脳」を自覚し、この体験を深く客観視することで、オウムにいた自分自身をも客観視することができるようになってくる。


問題は今だ教団に留まる現役信者であろう。誰にも相談することなく、カルマや輪廻、地獄といったオウムの教えに縛られ、自らの死への恐怖心を「信仰」という言葉で、未だに覆い隠しているのである。オウムを辞められない一つの重い理由だ。

脱会以後もこの薬物イニシエーション体験からくる恐怖心に悩まされている人たちも少なくない。また、それ以上に薬物イニシエーションの後遺症としての相談ケースが幾つかある。それは、日常生活の中で、公安警察やある組織の人物が意識の中に超能力で働きかけてくるのだという。私は初め、このサイキックによる意識操作の話は余りにも現実離れしており、「それは自らの幻覚幻聴ではないのか」と彼らに語っていた。しかし、彼らの話を分析してゆくと、おそらくこれは薬物イニシエーション体験やスパイチェックなどの後遺症ではないかと、カウンセリングを通して感じるようになった。

これは今後、オウム問題や脱会カウンセリングを語る上で、精神科医の治療も視野に入れての重要な課題になると考えている。

「グルのクローン化」という麻原には何が「憑依」したのか

麻原教祖は、真我(プルシャ)そのものであるシヴァ大神からのストレートな霊的メッセージを受け取ることができると語った。自分が最終解脱に達したことでコーザル界のデータを得られたので、麻原教祖への「絶対的帰依」によって、弟子はそのまま教祖のデータを受け、クンダリーニヨーガよりも早く解脱ができるというのだ。

そして、麻原教祖はこのグルのクローン化をヴァジラヤーナの段階の修行と呼び、マハームドラーと称し、多くの幹部信者に殺人を強要し、様々な凶悪なオウム事件を引き起こしていった。もちろん、麻原が説くマハームドラーとは、本来のチベット仏教カギュ派に伝わるマハームドラーの教えとは全く違うことは説明する必要もないほど、完全に否定されるものである。

ここで問題とすべきことは、ヴァジラヤーナの教えのレベルが、「データの入れ替え」「グルのクローン化」というアプローチとして、再び「憑依」型であると捉えることができる点に注目したい。

そして幾つかの根本的疑問が沸き起こる。それは「麻原が語るシヴァ大神は、本当にヒンドゥー教でのシヴァ神なのか」という点だ。先に、動物霊のような低級霊ほど「我は高い霊格である。高次の神である」と偽るそうだと述べたが、ここにも検証が必要だ。

そして、さらに疑問が沸き起こる。

「もしも、麻原が語るシヴァ大神が本物のシヴァ神ではないとしたら、『麻原彰晃』に一体何が憑依したのか」

「松本智津夫が、『麻原彰晃』という虚妄の霊に憑依されたのか」

「『麻原彰晃』という虚妄の霊の実態とは、一体何なのか」

「その虚妄の霊は『麻原彰晃』に、いつ、どこで、どのように憑依したのか」

「なぜ、『麻原彰晃』はチベット仏教を騙ったのか」

オウム教義と修行、理論と実践におけるカルト理論、それ以上に麻原教祖の教えの根本と精神的霊的実態を深く再検証することは、オウム信者脱会カウンセリングにおいてとても重要な位置を占めると考えている。

チベットのシュクデン信仰と「魔」

チベットにおける最悪の黒い歴史に、シュクデン信仰が現存する。シュクデンとは、十七世紀中期からチベット仏教ゲルク派の保守派によって祀られてきた悪魔信仰である。現ダライ・ラマ法王十四世は、この怨霊崇拝を公式に禁止している。この怨霊崇拝は、ブッダが説く解脱や悟り、成就とは真逆の信仰である。怨念、恨みという「輪廻の霊」が「魔」となり、呪殺ないし暴力的な暗殺をしばしば行ったとも言われている。

特に八世紀、インドから後期密教をチベットに伝えたパドマサムバヴァは、チベットが仏教国として栄えるようにと、チベット全土に「結界」を張り「魔」の侵入を防いだ。しかし、ダライ・ラマ十三世の死後、十四世の成長までシュクデン派の摂政がこの怨霊崇拝を復活させ、パドマサムバヴァが張った「結界」を破壊してしまった。その結果、数十年後の一九五九年中国共産軍が侵攻し、千数百年間仏教が栄えてきたチベット国は破仏され、中国の一部として侵略されてしまった。

密教において、このような悪神、鬼神、怨霊を祀ることは歴史の裏側ではしばしば行われてきた。しかし、このような「魔」の崇拝は、正当な仏教の教えに背くものであり、歴代の師たちが厳しく退けてきたことも事実である。このような怨霊崇拝は、たとえ大きな霊的な力があろうとも、悟りや成就とは全く異なった霊力である。仏教の歴史において、常に光と闇が共存しながらも、光が闇を照らし続けてきたのである。

織田信長が武力をもって世界を支配しようとした、その力は欲界第六天魔王が憑依したと先に述べた。そして、真言密教による調伏護摩によって「魔」が打ち破られた。世界を支配したいという「支配欲」の霊体は、世俗の霊の中でも最も霊力があり世界を自在に動かせる力を持つのだが、それも無明の囚われにすぎない。このような「白魔術（ホワイトマジック）」や「黒魔術（ブラックマジック）」は世俗の術であり、真の「仏法（ダルマ）」ではない。

麻原彰晃にこのシュクデンという「魔」が取り憑いたのかどうかは分からない。ただ、麻原彰晃に憑依したものは「魔」であったことには間違いがない。この「魔」は、今もそのまま教団内で串刺し写真が物語るように存在し、オウム信者たちが黒魔術儀礼を行っている。

なぜ、麻原彰晃はチベット仏教を騙ったのか

麻原の「オウムの会」は、元々ヨガサークルから始まった。それ以前には阿含宗で日本の密教を学びながらも、限界を感じヨーガを学んでゆく。日本密教の行体系にヒンドゥーヨーガとの整合性が取れなかったのかもしれない。そして、麻原は再び密教に惹かれてゆく。それは、中沢新一の著作「虹の階梯」を読んだことに起因する。チベット密教には、高度なヨーガ理論に基づいた緻密な行体系が伝えられており、麻原はチベット密教にその可能性を求めていった。

特に「ポワの行法」との出会いは、残念ながらその後「オウム事件」を引き起こす重要なキーワードになってしまった。麻原は中沢新一の「虹の階梯」を読んでいることを認めている。また当時話題になった中沢新一の著作「チベットのモーツァルト」の中でも、ポワの神秘体験が語られている。麻原は中沢新一の著作を通して「ポワ」に興味を持ち、チベット密教に傾倒していった。麻原が最終解脱者宣言をした一九八六年の著作「生死を超える」には、はっきりと「チベット密教研究中」と書いている。

一九八五年、カギュー派アヤン・トゥルクというチベットのラマが来日し、ペマギャルポ氏

の主宰するチベット文化研究所にて日本で初めて「ポワの行法」を紹介した。この時、中沢新一の著作を通して「ポワの行法」に興味を持った若者が多く集まった。そして、このポワの講習会にオウム信者が参加していた。その翌年、当時「オウムの会」を「オウム神仙の会」と改名したセミナーの中で、「ポワの行法」を行なわれている。このオウムのセミナーで配布された「ポワ」のテキストが、チベット文化研究所で配られた教典のコピーであったと聴く。

一九八七年ペマギャルポ氏の紹介で麻原は、インドでダライ・ラマ十四世と会談する。そして、この年「オウム真理教」と改称している。一九八八年には再びインドでダライ・ラマ十四世と会談。この年六月には、カギュ派のラマ、故カール・リンポチェを日本に招いている。

1981年　「虹の階梯」発行　中沢新一

1985年　ポワの行法　カギュ派アヤン・トゥルクのポワの講習会にオウム信者参加
　　　　オカルト雑誌に麻原の空中浮遊写真掲載

1986年　「生死を超える」魔境、ヨガの限界から最終解脱者宣言
　　　　オウムの会をオウム神仙の会と改名

1987年　インド　ダライ・ラマ１４世と会談
　　　　オウム真理教と改称

1988年　インド　ダライ・ラマ１４世と会談

富士山総本部を開設
カールリンポチェ来日
在家信者死亡事件
男性信者殺害事件
1989年　宗教法人の認証申請

興味深いことは、この数年の時期で急速にチベット仏教に接近していることである。そして、「生死を超える」の著作で最終解脱者宣言をした一方で「チベット密教研究中」と述べている。チベット仏教への接近から「最終解脱者宣言」という早急すぎる思考は、麻原の特徴として、後々のオウム事件への展開を見る重要な視点として捉えられるかもしれない。「これだ！」と決めたら、すぐに結論を求める「直進的行動志向」は、「極限、超越、最終解脱」というキャッチコピーにも色濃く現れている。このような極端なキャッチコピーが多くの若者の興味をくすぐり、その帰結として「オウム事件」へと繋がっていったことに注目しなければならない。

行動だけではなく、麻原のチベット密教の理解も同じ「直進的行動志向」が誤った密教理解へと連なっていった。麻原がオウムの教えを確立してゆく上で「虹の階梯」がベースとなっていることは明白である。麻原のチベット密教の理解は「虹の階梯」が根拠となっていると言っていいほどである。麻原にとってのネタ本である「虹の階梯」は、十九世紀のチベット密教ニンマ派のラマ、パトゥル・リンポチェの著作「クンサンラマの教え」をベースに、中沢新一によって書かれたものである。

現在も「虹の階梯」はオウム教団の中では、テキスト本として読まれている。オウム教団の中では麻原の書籍以外は読んではいけないが、「虹の階梯」だけは良いとされている。麻原は、この「虹の階梯」を密教理論的ベースにして、徹底した教祖に対する「帰依」を信者に求めてゆく。そして、誤った理解の「グルヨーガ」と「マハームドラー」を「ポア」という殺人肯定理論に結びつけていった。

麻原の密教への解釈は、理論や実践を全く理解することなく、自分の解釈でキーワードのみを使用する中身のない危険な教えと化していったのである。

「聖なる狂気」と持ち上げた「智慧の欠如」

中沢新一は、雑誌ブルータスにおいて、以下のように述べている。

「聖なる狂気（ディヴァイン・マッドネス）という言葉を出したとたんに、あれほどすばやい反応と正確な理解をしめしたのは麻原さんがはじめてでした。この言葉は、宗教の本質に触れているものです。人間のなかには、社会の常識によって囲い込まれた、狭い枠を破っていこうとする衝動がひそんでいます。より高いもの、より純粋なもの、より自由なものに向かっていこうとする衝動です。」

この中で「聖なる狂気（デバインマッドネス）」と、麻原を評価していたことに、私は奇怪な感じを覚える。チベット密教では、ニョンパと言われる、いわゆる風狂者としての悟りの在り方があり、この風狂は一休禅師で代表されるように禅宗などでも悟りの境地を体現している。この風狂、ニョンパをチベットでは「狂気の智慧者」と説明する。しかし、中沢新一は麻原に対して、この風狂を「狂気の智慧」とは言わず「聖なる狂気」と語ったことを問題とする。

仏教の悟りの境地とは、一切空という智慧にあり、この智慧の体得こそが「解脱」「一切智者」としての神髄なのである。中沢新一が、麻原を風狂として捉えて表現した言葉が「狂気の智慧」とは言わず「聖なる狂気」とはぐらかしたことに、ある作為を感じるのだ。

中沢新一は麻原が説く教えの中に「空性の智慧の欠如」を知っていたに違いない。仏教、とりわけ密教の理解において、この「空性の智慧の欠如」は致命的な誤謬、完全に間違った理解である。「空性の智慧の体得」なしでは、瞑想やヨーガを通していかなる「神秘体験」があろうと全く正しい「果」をもたらすことはなく、むしろ危険な道であると戒められているからである。中沢新一は麻原が語る「最終解脱」には、ブッダの智慧がないことを見抜いていたはずだ。

その重大な誤謬を中沢新一が「聖なる狂気」とはぐらかした意図、麻原の「最終解脱」に本質的な欠陥を指摘しなかった作為が、多くの若者をオウム教団に導き、後々に大きな事件へと肥大していった。中沢新一の言説の責任は大きい。

ましてや、サリン事件以後も、元オウム信者高橋氏に対して語った言説は、中沢新一本人が直接説明すべきであろう。

「ね、高橋君。オウムのサリンはどうして（犠牲者が）十人、二十人のレベルだったのかな。もっと多く、一万人とか、二万人の規模だったら別の意味合いがあったのにね…」

（宝島３０　僕と中沢新一さんのサリン事件より）

「霊的ボルシェビキ（霊的革命）」を示唆する言動は深い問題を浮き彫りにした。彼にはサリンの被害者にこの言説の意味と根拠を語る責務がある。

「狂気の智慧」と「聖なる狂気」は、何が違うのだろうか。「狂気の智慧」とは風狂という意味で、仏教では悟りの境地にたどり着いたものが、世俗の中では狂ったものとして映ってしまうことを意味する。頓智で有名な一休禅師は風狂者であった。正月にめでたいと誰もが祝う街角を髑髏を掲げて「気をつけなされ。気をつけなされ」と練り歩いた。チベット密教ではニョンパと言われ、ブータンのニョンパのヨーガ行者ドゥクパ・クンレイは今も人々に尊敬されている。そして、チベットには歴史上数多くの「狂気の智慧」のニョンパが存在している。

つまり、この「智慧」こそが、中観哲学による「空性」の理解そのものであり、「智慧の体得」によって、仏教者の悟りの境地が推し量られるのである。この「空性」の理解なしに「狂気」を語ったとしても、それは只の「狂気」であり、「聖」であろうが「俗」であろうが、どちらも「輪廻」の働きに違いない。「聖」と「俗」という二元構造には、智慧は知られることがない。つまり、この二元性を乗り越えた覚醒の境地である「空なる智慧」を麻原は、全く理解できていなかったということだ。

「極限、超越、最終解脱」とすぐに結論を断定する「直進的行動志向」は、伝統的には「常見」や「断見」として戒められてきた。存在とは有でもなく無でもない「正見」として縁起を捉える視点、「空性」の視点がブッダの教えの真髄であると説かれる。仏教を騙る麻原の最大の問題点とは、本来の仏教が説く「解脱と輪廻」という二元構造を乗り越える「空性」の理解が全く欠如していることにある。

「方便と般若」「慈悲と智慧」という相互依存の本質は、不二なるものとして、伝統的には「世俗諦と勝義諦」という二つの真理（二諦）である。「狂気」と「智慧」もまた、不二なるものとして、悟りの境地を現している。

しかし、チベット仏教では誰もが知る「狂気の智慧（ニョンパ）」という風狂の存在を中沢新一自身も知っているはずであろうに、なぜ「狂気の智慧」と言わず、麻原を「聖なる狂気」

と持ち上げたのか。先に「作為的なはぐらかし」と指摘したが、その意図を深く読み取らなければならない。

「集合的末那識」の投影　「虚妄の霊」

「智慧」は、その本質において「光明」として輪廻を照らし出す働きを持っている。無明という閉ざされた輪廻の暗闇でさえも、智慧の本質からの輝きに照らされている。しかし、「無明」という対象に捉われた意識が生じた瞬間に、「聖と俗」「解脱と輪廻」という「心が生み出す二元的思考」に捉われ、何ものにも捉われない広大な意識空間に遍満していながらも、本来の安らぎにくつろぐことができなくなってしまう。悪いことに、この無明への捉われは、さらに自我を投影し「世界」を描き上げてゆく。この「世界」は、自己に内包する影のようなものを対象化、相対化した「自我の投影」であるが、「自我」はこの「投影した世界」に対し、さらに操作を試みる。それが「怒り」や「欲望」「嫉妬」「恨み」「慢心」「無関心」などの様々な内的感情を増幅させてゆく。

私たちの住む現象世界は、この「自我が投影された世界」に他ならず、様々な衆生の思いが交錯しながら複雑な社会を形成している。「自我が投影された世界」は、社会という現象界だけに留まらず、様々な意識界をも形成してゆく。それを心理学者カール・ユングは「集合的無意識」と呼んだ。この集合的無意識は、個々人を越えた社会や世界を形成する精神的な構造領域、深層心理として表している。

そしてここでは、この「集合的無意識」の理解からさらに「自我が投影された世界」を形成する様々な意識の層を、「集合的末那識」と呼んでみたい。末那識（まなしき）とは、唯識仏教哲学で説かれる、五感から得た外界の情報やイメージを判断する「自我意識」「判断識」のことである。私たち個々人誰もが「自我意識」を以て世界や社会の中で暮らしているのだが、世界や社会もまた、「集合的末那識」によって操作されている。時に権力者は世界を支配したいという欲望に駆られ、時代時代に様々な戦争や問題を引き起こしてきた。この支配欲に取り憑かれた権力者は、個人的な自我意識に起因する心理状態であるのだが、また社会のエゴを産み出す要因を秘めている。これを「集合的末那識」と呼ぶ。

この「集合的末那識」にはその自我の投影によって様々な層が存在するが、仏教ではこの意識が六道輪廻を形成していると説いている。六道輪廻は、天界、阿修羅界、人間界、畜生界、餓飢界、地獄界の六層を形成しているが、それは六種の意識のパターンの投影である。六種根本煩悩が六道を形成しているのだ。人間界、畜生界（動物界）は現象界として存在するが、人間界の中にも餓飢や地獄といった意識が投影される。それはまさに「集合的末那識」の投影であり、自己に内包する無明の影が世界を映し出しているのである。例えば、個々人の意識の中に「欲」という煩悩が存在するが、「欲」という煩悩が世界を形成し、個々人を引き入れているのでもある。地獄の怒りの意識の層が個々人に影響を与え、怒りに捉われた意識が個に憑依すると捉えるのである。

そして、六道輪廻に「悟り」がないように、この「集合的末那識」にも「悟り」や「解脱」がない。「集合的末那識」が輪廻の迷いの世界だからである。

ここで問題にするのは、麻原が投影したオウム真理教という「虚妄の霊」である。この「虚妄の霊」を「集合的末那識」として捉え、前に述べた「虚妄の霊」の霊体を「審神者」する試みを行う。

麻原の野望である「日本シャンバラ化計画」は、まさに世界を支配したいという「支配欲」の意識であるが、それもまた「集合的末那識」として捉えるならば、六欲天の「天魔」に類するものであろう。

仏教において修行の妨げとなる四つの「魔」が存在すると言われている。それは、煩悩魔、五蘊魔、死魔、天魔であるが、ここで麻原に憑依した「魔」が六欲天の天魔波旬なのかその眷属なのか魔縁なのかは、さらなる「審神者」が必要ではあろう。「支配欲」「権力欲」は、社会に対するコンプレックス、社会的復讐、嫉妬の裏返しと解釈できる。「集合的末那識」としての「欲」が個人に憑依することで、「欲の魔」が人格を持ち、個の人格を操作するのだ。

心の隙間に何かが入り込むことを、一般に「魔が差す」と言う。心の訓練をしていない者にとっては、いつも心に何かを入れておかないと落ち着かないという衝動が生じ、常に何かの刺激を求めてしまう。観念という意識層から「魔」は、自我の心の「間（ま）」に取り憑くようにして、個としての人格を形成するのである。そして、この「集合的末那識」が、心の間に入り込むことで、人格を操作するのである。天界における欲界の六欲天も、六道輪廻にして「悟り」がない閉ざされた意識空間ということを再確認しなければならない。

心の闇という内的蒙昧は、世界を投影する。そして、現象世界に投影された「末那識」は、ある条件（コンディション）が整うと、時として、実際に世界を動かす集合的力を持つ場合がある。麻原が投影したオウム真理教は、武器、化学兵器という殺傷兵器を手に入れ、またLSDや麻薬という意識をコントロールする「魔力」を得てしまった。

この「世界を動かしたいという魔力の存在の出処」が、麻原が投影したオウム真理教からなのか、または外部からの投影も複雑に混合されているのかは、さらなる検証が必要である。

「貪瞋痴」という三悪趣に対し、「慢心」と「嫉妬」は一対の「集合的末那識」である。世界をうまく支配しコントロールできると「慢心」となり、それができなければ「嫉妬」「恨み」「妬み」となる。麻原の「極限、超越、最終解脱」という「直進的行動志向」はそのまま内的自我意識の投影として、「日本シャンバラ化計画」という外的世界を操作することになっていった。その結果、「直進的行動志向」は松本サリン事件、地下鉄サリン事件など様々な事件を引き起こしてしまった。内的な「魔」の意識を、外世界に投影してしまったのだ。

智慧の光明が「虚妄の霊」を晴らす

伝統的な霊的世界観においては、「魔」を調伏する方法は「魔の正体を暴く」ことである。「魔」は往々にして自らを「ブッダ」や「神」などの高次の霊体だと名乗り、自らを「魔」だとは言わない。お釈迦様もキリストもこの「魔」を打ち破るために「魔」の正体を見破り、「霊体」に対し「おまえは『魔』だ！」「立ち去れ！」と宣告した。この「魔」を討ち降す降魔調伏の方法は、今も有効である。

麻原彰晃が投影したオウム真理教は、「虚妄の霊」である。

それは、「慢心」と「嫉妬」の「集合的末那識」が取り付いた「魔」である。無明の怨念である「魔」から、仏法の真髄である「空性の智慧の光明」に照らされ、何ものにも捉われない意識空間へと解き放たれよ！

「虚妄の霊」とは、怨念、恨みが投影された輪廻の霊体、世俗の霊体である。そこには「悟り」「解脱」「一切智」がない。それに対し、「智慧」の特性である光の輝きは、全ての世界を照らし出す。無明の迷いの世界を照らす「智慧」は、三世十方諸仏の法身としての光明の意識体である。この法身は、報身として五種の智慧の光彩を十方世界に解き放つ。この智慧の光彩には、無明を晴らし、全ての「魔」を打ち砕く強烈なエネルギーが内在している。密教に於いて顕現される明王や、インド後期密教チベット密教で顕現される憤怒尊ヘルーカは、まさにこの「魔」を打ち砕く強烈なエネルギー体である。信長を調伏した高野山真言密教の「五大尊五大檀護摩」による修法は「智慧のエネルギー体」として、まさに神変加持が働いたのである。この神変加持とは、魔術ではない。如来の「智慧の光明」としてのエネルギー体が、闇を晴らす法力を有しているのだ。

魔術の祈祷は、白魔術にせよ黒魔術にせよ、いずれも「末那識」という自我意識からの働きである。自我、エゴが世界を操作したいという意識からの働きなのだ。自我意識の念が現象世界を動かすことはままあるが、それは「悟りの働き」ではない。むしろ「魔縁」という強烈な自我に捉われた意識体、この霊体は、仏の世界から一番遠い世界に住していると言われている。

そして、この「智慧」が応身として現象世界に照らし出される時、「慈悲の温もり」や「愛の力」として、人に宿る。この「慈悲の温もり」や「愛の力」こそが、「魔」や「虚妄の霊」という無明の暗闇を晴らす力を持っている。親が子を思う惜しみない無私の「慈悲の温もり」や「愛の力」こそが、オウム信者に取り付いた「虚妄の霊」に光と温もりとして照らし、この愛の力を持って、脱会カウンセリングが行われる。

反社会的犯罪カルト教団にマインドコントロールされたオウム信者を子供に持つ親の深い悲しみと苦しみは如何程か、各々が自身に照らし合わせてみるならば、このオウム問題の深い暗闇に涙せざるを得ない。しかしそれでも、親として子供をオウムから救い出したい、脱会、社会復帰、自立へと願う惜しみない無私の愛と、暗闇の中を手探りで光を求めながらも、決して諦めることなく、一歩ずつ歩み続ける愛の行動が、叶うときが必ず来る。

それは、そのまま親の無私の愛が「智慧の光明」として輝き、「魔」を照らし出す。その親の愛と行動の働きが試されているのだ。

第四章　脱会カウンセリングのプロセス　真実の親の愛

オウム信者の帰る処

私は、九五年のオウム事件以来の脱会カウンセリング活動を通して、多くのオウム信者たちの悩みや社会復帰への助言をしたり、教義的問題を語り合ってきた。また、未だに教団にいる現役信者の親たちの相談を受け、悩みやその対応法などの対話を重ねてきた。このカウンセリング活動は今も続いており、私はオウム問題の根の深さを常に感じている。

そこでの誰もの願いは、オウム教団が即座に解散することである。このカルト教団の教義や修行法も、全て存在してはならない。オウム教団は「我々信者は教団がなくなったら、行くところも帰るところもないのだ」という。しかし、事実はそうではない。信者の親御さん達は皆、子供達が帰ってくることを切に望んでいる。熱心に「家族の会」に参加し、なぜ子供達がカルトに入信してしまったのかを真剣に捉え、親子家族関係を見直そうと学んでいる。

この章では、脱会カウンセラーとして親への取り組み方を「家族の会」での相談や講演、個別のアドバイスを中心に、脱会カウンセリングを導いてきた例や、脱会後どうやって自立に至ることができるかをシュミレートしながら組み立ててゆく。

家族の会の講演記録から

こんにちは。皆さんとはオウム事件以後からの長いお付き合いになっています。今までに、多くの親さんが子供を脱会へと導くことができ、「家族の会」が必然的に縮小してしまうことは残念なことではありますが、現役信者を子供に持つ親としてみれば、子供の脱会の事実は希望でもあります。ここでは、今まで私がオウム信者の脱会カウンセラーとして関わってきた多くのケースを元に、脱会自立へのカウンセリングプロセスをお話ししてゆきたいと思います。

脱会自立への三つのビジョン

オウム信者の脱会への道筋をはっきりと理解することは有効です。まずは、親として子供をカルト教団から救いたいという目標をはっきり持つ事です。そのために私は「長期のビジョン」「中期のビジョン」「短期のビジョン」という、三つの視点を確認することを提示します。

最終的な長期のビジョンとは、子供が帰ってきて、二本の足で立って自立することです。親の願いは、子供がオウム真理教というカルト集団から身も心も離れて、社会の中でちゃんと生活ができる、社会復帰ができることです。そして、自分自身で生活が経済的に精神的に成り立つこと、これが一番の最終的なビジョンです。これは、必ずしも子供を親元に置くことを意味するものではありません。親や家族から離れて自立生活していても、気持ちや心がちゃんと繋がっていることを意味します。カルトに入信するために、親や家族との心の糸を切って出て行った、その関係性を取り戻すことです。

次の中期のビジョンは「脱会」です。オウム真理教を辞めること。必ず「脱会届」を書くことが重要です。ポイントは、オウム真理教を脱会する事が最終ビジョンではなく、脱会してその後に精神的にも社会的にも経済的にも、一人の大人として自立出来る事が最終ビジョンに定めることです。「脱会」とは、その為の一つの通り道である訳です。

そして、短期のビジョンは「脱会」に向けて、今何をすべきか、どこから始めるかという取り組み方です。それは子供と「世間話」ができる関係性を取り戻すことです。まずはこの「長期のビジョン」「中期のビジョン」「短期のビジョン」という三つのビジョンを、明確に保つことから始めます。

向こう岸の最終的目的地に辿り着く為には、いきなり向こう岸には行けませんが、池に飛び石が有って、飛び石を一つずつ渡って行くと向う岸に渡れる様に、幾つかのステップを踏んで目的を達成してゆきます。

短期のビジョン「世間話」

子供がまだ教団にいながらも「世間話」ができるまでに至るのが、第一番目のステップ、短期のビジョンの達成です。まずは、この「世間話」に至るまでへのポイントは、「隙間」から情報を得ることとです。この情報は、教団内の様子という環境的側面と子供の心理状態という心理的側面があります。短期のビジョンの「世間話」ができるまでには、更に三つの飛び石があります。

一番目の飛び石は、直接会うことができなくても、まずはコンタクトできることとです。オウム事件直後は、コンタクトが取れない、教団が完全に管理していてなかなか連絡が取れない、子供がどこにいるのかもわからないなどと、困難な状況がありました。しかし、今はそうではありません。だいぶ教団も変わってきています。大きな変化は、現在はメールが使えることです。今までは、手紙のやり取りしか出来なかったのですが、今では携帯を持っている子供もおり、またメールでコンタクトが取れる状況もあります。携帯番号が分かっていれば、イザという時、何かあった時、何かを働きかける時に、電話をすれば即話が出来るという状況は、当時と比べると大きな変化だと思います。

コンタクト「メール」「手紙」「携帯」

コンタクトする為の手段は、「メール」「手紙」「携帯」です。この三つがコンタクトする為の最初のきっかけになります。メールは、本人が嫌がっても眼を通すことが多いですね。返信がたった一行でもいい、「二度とメールを送らないでくれ」とか、「メール読んだ」という一言だけでも、それはすでにコンタクトが始まっています。

「メール」を通してコンタクトが始まっている状況から、子供の情報を読み取ること、きっかけを探ることがポイントとなります。また、返事が来ないことも子供の返信の気持ちの現れです。あるいは教団との関係性と捉えることもできます。そこから子供が置かれた状況、子供の気持ちをを読み取ります。返事がないからどうしようと悩む必要はありません。ファーストコンタクトはすでに始まっているのです。

むしろなぜ返事が書けないのか、自発的に拒否しているのか、それとも教団から返事をするなと言われて、返事を書きたいけど上司から睨まれているのかなど、色々と推測出来ることがあります。子供の気持ちを察し、推測し、置かれた状況を深く冷静に見抜いてゆくことが重要です。この推測をする事は、後々の重要なポイントになってきます。将来、脱会に向けた話し合いができる時、この時の推測が「あの時の音信不通はこうゆう事だったんだね」「教団や上司、仲間との関係の中で、だから仲々連絡出来なかったんだ」と、その時の事が後から、明確になる瞬間が必ず来るのです。そう分かる瞬間、タイミングが必ず来ます。

次のコンタクト手段は手紙です。事件直後はまだ携帯もパソコンも信者は持つことも一般的ではなかったので、多くの親さんは手紙を書いていました。ほとんどが幹部の検閲に会い、本人に届くこともなかったのですが、たまに優しい上司だと子供に手紙が渡るケースもありました。大方は、上司の手前見ることなく、また見ても返事を書かないことが普通でした。しかし、手紙はとても有効です。メールなら携帯やパソコンの中では実際目に触れることもないですし、削除することはボタンひとつで簡単です。しかし、手紙は置き場所に困ります。手紙を捨てる、破棄することはやはり心情的に難しいので、どこか本の間とか、書類の中に紛れ隠しておくことが多いのです。しかし、どこに隠しても「親からの手紙という存在感」が心の中に占めるのです。たとえ、その手紙が読まれなくても、この「親からの手紙という存在感」が子供の手の中に、深い心の中に届いていることが重要です。その内容は、別に大したことを書く必要はありません。「まだオウムをやっているのか」とか、「いつになったら辞めるのだ」「いつまで心配させる気か」などの説教や説得は、絶対にダメです。むしろ、「庭の木が大きくなったよ」「今年も畑にいっぱい美味しい野菜ができたよ」など、季節感ある内容で十分です。また「最近、お父さんも年をとって、疲れやすくなった」など、親の弱い姿、家族や兄弟の様子などの近況程度で十分です。ですので、「メール」もいいですが、数ヶ月に一回は「手紙」を書くことをお勧めします。

携帯に電話をすることは、最後の手段です。頻繁にかけると、返って子供が面倒になってしまいます。子供が携帯で本音を話しだすことは滅多にありません。むしろ、携帯は最後の手段。イザという時のホットラインです。このコンタクトの時点では、一喜一憂せずに、メール、手紙、携帯を出来る限り上手に使って働きかけることを工夫します。

子供の姿を見る安心感

二番目のコンタクトは、やっぱり本人の顔を見たいということです。子供が元気でいることを目で見て確認することは、親としては何よりの安心です。最近ある親さんが十年ぶりに子供と再会できたという話を伺って非常に喜びました。長い間、連絡もなく音信不通でしたので、本当に良かったと思います。残念ながら子供は逃げましたが。子供の顔を直接見ることは、親としての安心感は全然違います。次は、子供の心を取り戻す段階へと勇気がでてきます。

オウム事件以前は出家信者はオウム教団の施設内にいて、子供の姿を見る機会はまず不可能だったのが、今では多くの信者は仕事やバイトに出かけていますので、相手の状況、時間帯、行動パターン、教団の状況などを読み取って、会社に行く前の五分のタイミング、そういう隙間にすっと入ってゆくチャンスを見つけます。

「会いに来ないでくれ」とか、「二度と会いたくない」などと嫌な事を言われたとしても、「顔が見えた」「元気な姿を確認した」と認識することがポイントです。

この二番目の直接子供の姿を見るコンタクトの段階は、「メール」「手紙」「携帯」という文字や声だけのコンタクトから、「直接会う」という次のステージに入っています。この展開は、凄く重要だと思います。そこまで行くのはもう根気しかないです。親の本当の気持ちを眼と心で伝えるのです。

人の心には、必ず隙間があります。その隙間にすっと入れるタイミングを見つけるのが、まさに一番目の「メール」「手紙」「携帯」を通して、相手の状況や心の機微を読み取る力が生きてきます。これは、後々の脱会へのプロセスにとって大切な「心の訓練」になってゆきます。そして、「顔を見ることができた」この時点でも、お説教は無しです。「ガミガミ」と一方的に説得しようする必要はありません。ここで説得しても、子供の心には響きません。「顔を見れて充分だよ」「元気な姿を見て安心したよ」という段階だと理解してください。

事件直後は「強制保護」をするケースもありましたが、現在はそれを考える状況ではないと思います。顔が見れれば充分です。むしろ、教団に囚われた心を解放することに重点をおいてゆきます。「一応通りすがりに顔をちらっと見た」とか、「遠くで見て相手がはっと気付いてこちらを見て、気付いて逃げて行った」など、それは二番目の「対面」の段階です。顔を見て逃げて行ったというのは、実際はすでに子供の心の中に入っているのです。「久しぶりに会った」「十年ぶりだ」「お互い随分年取った」などと、たとえ子供が逃げていっても親に対する気持ちや感情が揺すぶられただけでも重要な段階として捉えます。

「親の愛」の方便　「世間話」が出来る

三番目の段階は、お互いに会話が出来ることです。二番目と三番目の違いは、ただの「対面」ではなく、ここでは「会話が出来る」という事です。この段階では、「世間話」で充分です。説教したり、説得したりという事は全く必要ないのです。この何気なく「世間話をすること」が、後々に大変重要となってきます。

教団の中にいると、世間感覚で世間を見る眼、世間感覚で話をすることが皆無です。「世間感覚」とは、様々な視点があります。「服装」「身なり」などの外見から、「会話力」「気遣い」などのコミュニケーション能力など様々です。ですので、今ではオウム信者は外部で仕事したり世間とも接点があるのですが、すぐに「おかしな奴」「何か変わってるな」と、カルト信者だとバレてしまいます。いくら外部で仕事をしていても、やはり教団の「カルト感覚」「カルト意識」を持ったままでは、世間話を普通にしても普通に会話が成り立つことは難しいのです。

例えば、「今日は暑いね」「昨日のニュースで事件があったね。どう思う」とか聞いてみましょう。もちろん、会話の持続は難しいかもしれません。この世間話には「イエスもノーもない」「正解も間違いもない」「良くも悪くもない」という姿勢で、ただ話題を投げかけるということでいいのです。それが良いムードなのか、悪いムードなのかも全く問題としません。「親子で対話が出来ている」「会話が何となく出来ている」ことが、この段階です。「あぁ、」「オゥ、」と返事もまともに返ってきませんが、これポイントなのです。

教団内だけの空気ではなく、外の風が子供の中に吹き込まれてゆくこと、それが「メール」「手紙」「携帯」での話などから、外の風という情報が子供に入ってゆくことです。最初は「もう連絡をしてくるな」「手紙をもらうと迷惑だ」と否定しますが、この否定は悪くはない。むしろ、良い反応と捉えます。なぜかというと、「もう連絡をしてくるな」「手紙をもらうと迷惑だ」という否定は、既に自分の中に対象を受け入れてるのです。「これを聞いてはダメだ」「親や家族と会ってはダメだ」と、否定とは、自分の中に一度受け留めないと出来ないからです。

例えば、「目の前に美味しいお菓子が有る」「美味しそうだけど、教団の戒律のために食べてはいけない」という内的対話は、既に対象を認識し対象を受け入れているのです。「食べてはいけない」という否定や葛藤とは、一度肯定して受け入れたことを、次に否定しているのです。仏教哲学では否定とは、このように捉えます。「いやよ、いやよも、好きの内」ということです。

つまり、「メールを送っても返信がこない」「手紙と荷物を送ったら、送り返してきた」「顔を合わせたら逃げて行った」と、多くの親さんは落ち込んでしまいますが、これは既に、カルト教団の中で閉ざされたカルトマインドに、外の風、親の気持ちが入り始めているのです。特にオウム教団の中は全くの遮断空間ですので、外の風は入って来ない生活をしています。外の風とは情報、「外からの情報」です。家族、兄弟がどうしてるとか、親戚がこうなった、友達が結婚したとか、世間話の中に非常に重要な外部からの情報が含まれています。その情報に「親の愛」や「気持ち」を込めて、子供に伝えるのです。

「早くやめて」とか「早く帰って」など、直接的にメッセージを伝えると、「絶対に帰らん」「信仰は続ける」と、「売り言葉に買言葉」のような妙な会話になってしまいます。何を風に乗せて伝えるかというと、愛してること、心配していることを「世間話」という方便で、親の愛を込めるのです。それは第一番目の段階である「メール」「手紙」「携帯」でもできますが、この親の愛を祈りに込めることは、後々にもっと重要な意味を持ってきます。顔を合わせても逃げられても、話さなくても、「目の動き」「顔の表情」「気持ちの揺れ」という些細な機微を読み取るのです。外の風という情報が子供に伝わってゆくと、子供自身も否定や葛藤しながらも、徐々に心の内へと届いてゆきます。そして、否定したことから色々な事を考え出し、カルトマインドが少しづつ溶け出す兆候が表れてきます。

「世間話」ができるまでの第一のプロセスが、どう進んでいるのか、これから最後までどう進むのかとシナリオが分かっていると非常に楽です。暗闇の中でどうしていいのか分からないよりも、子供との関係、間合い、距離が何となくで良いので分かり、道筋が見えることは子供との会話の中でも、自分自身の心構えや内的安心感があるという点で全く違ってきます。

「ゆらぎ」は、自分で考えることの第一歩

そして次には、「ゆらぎ」という大きな段階へと展開してゆきます。この「ゆらぎ」は、自分で考えることの第一歩から始まります。教団内では共同生活をしているので、周りにどう思われているかとか、上司にどう思われているかとか。教団を辞めようか、教団の中でやって行こうか、周りの様子と自分の心を見つめる様になります。自分で考えることで「ゆらぎ」が起こり始めます。三つのプロセスを気長に働きかけ続ける事で、「ゆらぎ」が大きくなります。

この「世間話」の段階でオウムの教義の話をすると話がこじれますので、ここでは先送りにします。哲学的な話や教義の話、事件の話、教団批判の話も、ぐっと我慢して取り敢えず置い

ておきます。常に語るメッセージのポイントは、教団から「いつでも帰ってきていいよ。あなたが帰るところはこの家だよ。いつでも受け留めるよ」という事を伝え続けることです。

子供の本音は、外の世界に出る恐怖感があります。教団の中にいる時は、辛くて先が見えないが、今日の食べ物と住む所があるから教団に留まっている人も結構多いのです。実際に外の世界に出るきっかけを自分で作り、実際に自分で考えて行動するには、凄い精神力と勇気が必要となります。多くの信者は、外の世界に出てからどのように生きてゆくのかをイメージできずに、社会や世間という大変な状況に向き合う事が辛いから、オウム教団に留まっている、現状維持のままで良いと思っている人も多いのです。あるいは思考停止です。

「世間話」の段階で、教団の状況やそれを取り巻く状況は、常に刻々と変わりつつあるという事を理解し、些細な会話から現状を把握すべきです。教団の状況は、常に流動的な流れにあります。幹部の中で内部紛争や分裂があったり、何か大きな変化が起きる時、断片的な情報を繋ぎ合わせて、全体を見るしかない。これには、情報分析をするために、「家族会」の皆さんが持つ情報の一つ一つが大切になってきます。情報共有の大切さです。

短期のビジョン「世間話」の最終目標は、できれば一回でいいので家に帰ることです。自宅に帰って家族と会って、食卓を囲んで、出来れば一緒にご飯を食べることが望ましいです。以前は「肉は食べない」「悪いデータ、カルマが憑る」「絶対に触るな」などと頑なでしたが、事件以後はほとんどの信者は外部でアルバイトや仕事をしていますので、そのハードルは低くなっています。まずは、レストランや喫茶店など外で会って話すこともいいでしょうが、自分の家で会話することとは全然違います。自宅に帰り、自分の家族兄弟と「世間話」ができる。ここを、第一段階目の最終目標としましょう。

ここでも教義の話や脱会の話は一切必要ないし、してはいけません。更にできれば、一泊して又翌朝教団に帰ってゆければなお良いでしょう。ここでは教団に帰りますが、また「メール」「手紙」「携帯」で話ができる関係を深めてゆきます。そして、もっと「世間話」をして、「ゆらぎ」が起こってくるのを待ちます。このサイクルを気長に忍耐強く繰り返します。

多くの親さんの中では、脱会まではしてませんが、このように自宅に帰ることができる関係へと進んでいる方々もおられます。以前は連絡が取れるだけで、自宅に帰る気配も気持ちも全くない信者が、最近では教団内でも変化が起こり始めているのか「ゆらぎ」の気配が感じられます。この「気配」「機微」を感じることが重要です。子供の状況によって、その「ゆらぎ」は様々ですが、教団内で何かあったり、上司や信者同士の人間関係の変化の些細なきっかけであったり、チャンスは突然やってきます。親や家族と「世間話」ができる関係が、小さな里心が芽生え、家に足が向くのです。

子供の気持ちの「ゆらぎ」が起こった時の為に、手紙や小包の中に大金でなく、バスや電車の片道帰宅分程度のお金をそっと入れておくと良いでしょう。あまり大金ですと、教団にお布施してしまいますので、少しのお金で十分です。会う時に「ちょっとしたお小遣いだよ」と渡すとか、またテレホンカードなども良いでしょう。子供が衝動的に何か「ゆらぎ」を感じた時に、また教団内部で何か変化があった時に、少し教団を離れて自宅に帰ってみようという気持ち「ゆらぎ」の後押しをするきっかけになります。

「ゆらぎ」を起こし、心の隙間に入ることには、何のマニュアルもありません。子供の心を読み取る訓練、いつも対話やコンタクトから何かを読み取ること。たとえ「否定」されても、その中からも読み取ります。そして何よりも「子供をカルトから救い出したい」という「真実の親の愛」を方便としてでも伝え、決して諦めず祈ることです。そして、いつもくよくよと気を揉まず、明るく日常を過ごす事が重要です。変化は突然やってきます。

中期のビジョン 脱会に向けて

短期のビジョンの段階を忍耐強くじっくりする方が、後のプロセスがスムーズにゆき、脱会へと至り易いです。そして最終的な社会復帰という経済的精神的自立へと繋がってゆきます。「強制保護」の手法は、短期のビジョンのプロセスが完全に抜けています。オウム事件直後は成功しましたが、今では余程の条件が整っていない限りお勧めはしません。無理矢理子供を保護し、カルトを否定するまで説得し続ける訳ですので、ちゃんとコミュニケーションを取れるまでのその後の時間が凄く大変です。また、家族、親戚、友人の協力は必至です。そこにカルトに対する学習や対応計画など事前の取り組みも重要です。

「世間話」までの初期のプロセスは、回りくどかったり、もどかしく、強度の忍耐が必要ですが、とても大切なプロセスです。今までの経験から考えると短期のビジョンのプロセスをじっくり行った方が良いと思います。このプロセスの時間は「親の愛」を伝えるための、そして親として子供の脱会の決意を確認する重要な時です。

短期のビジョンの目標は「世間話が出来る」でしたが、次の飛び石である「中期のビジョン」は「脱会」です。「世間話」から「脱会」に至るまでの本音で語り合える親子関係へのジャンプは、かなりの勇気がいります。勿論、親の願いは、「カルトをきっぱりと辞めること」ですので、親の腹にある本音を子供に話す、このタイミングは大変難しいものです。どのようなきっかけで「本音」の話が出来るのかは、一人一人の家庭、親子関係で違います。ベストタイミングを示したマニュアルなどは有りません。先に話した短期のビジョンの中でのように「心の隙間」を見つけるしかありません。

「本音」で語り合う

何を「本音」で語り合うか、二つあります。一つは子供自身の内的な問題です。子供の心の中には「修行をしたい」「瞑想をしたい」「仏教を勉強したい」という「本音」があります。一番の子供の問題は「それを実現するためにはオウム真理教しかない」と思い込んでいることにあります。また「自分は深い神秘体験をしたが、誰にも理解してもらえない」という点です。これは後々にカウンセリングを進めて行くと、ほとんどの信者が吐露する問題です。「瞑想や仏教の修行がしたい。神秘体験を語りたいけど、誰も分かってくれない。教祖の教えは最高で絶対だ。オウム真理教の教えは正しい」と、信じ込んでいるのです。しかし、子供が一番こだわっているこの点に、本人が脱会に至る鍵があります。「本音」で語る為の心を開く鍵です。これがある時、「ゆらぎ」として起こってきます。

二番目は子供と外の世界との関係です。オウム教団の中にいると「社会に出たら修行が出来ない」「瞑想が出来ない」「世間の泥にまみれて、清い自分が今まで積んだ功徳が無くなる」「世間の汚れたデータが入る」と教えられています。だから、外の世界に出られない。しかし、だからこそ、外の世界に対する、可能性、夢、希望を「本音」で語り合う必要があります。また、親の生き様、人生観を語ることは、子供への大切な親からのメッセージです。

また一方で、オウム真理教が引き起こした一連のオウム事件の事実を、報道などの客観的な情報を一つひとつ正しい情報を検証して、話を進めて行くことは必要です。脱会カウンセリングで現役信者を説得する場に、江川紹子さんが来てくださり、オウム事件の生々しい事実を話していただいたこともありました。社会は絶対にオウム真理教を許してはいないという点、反社会的行為を行った教団内部の闇の部分を明らかにしてゆく作業です。このオウム事件の話は、いきなり教団を全否定してしまうと、子供は心を閉ざしてしまうので、お互いに心を割って「本音」で話せるタイミングが重要です。


前の短期のビジョンの段階では、家族以外のものが代行することはできませんでした。カウンセラーはあくまでアドバイザー的な存在として、親が主体的に動き働きかける以外にないのです。カウンセラーは間接的に親を支えることはできても、主役はあくまで親や家族です。

しかし、この中期のビジョンの段階では、カウンセラー、弁護士、ジャーナリストなど様々な専門家の立場からの意見、アドバイスは非常に有効です。第三者の手助けです。そして、子供がこのような客観的な視点を持ったカウンセラーと「本音」で話し合えるまで持ってゆくのは「親の力」です。カウンセラーは親子関係を支える脇役で､あくまで主役は「親と子」です。この「親子」関係性を滑らかに、時には深く導き、共に出口を探す道標のような役がカウンセラーであると言えます。

子供の脱会に成功する親は、常にカウンセラーとの信頼関係があります。カウンセラーとの信頼関係が強いほど、子供はその深い関わりと本気度を感じ取り、親やカウンセラーが提示する新しい世界に興味を示し、可能性を感じ、徐々に心が解けてきます。以前、家族の会の永岡会長は、「自分の子供が麻原を親のように慕っていることに我慢がならなかった。親の本当の愛を伝えたかった」と言われています。本物の「親の愛の力」は、カルトマインドを溶かす素晴らしい力を秘めているのです。その本物の愛に親自身も気づかなければなりません。

一方で、子供の脱会に失敗する親のケースを見てゆきます。失敗する親はカウンセラーを道具のように捉え、あちらのカウンセラーが有能だと聞くと乗り換えます。このようなカウンセラー巡りをしている方は、カウンセラーも見抜いてしまい、カウンセラー自身が本気で命をかけてこの家族のために脱会活動ができるのかと疑問を感じてしまいます。つまり、家族とカウンセラーという一番重要な信頼関係を築くことができなくなってしまいます。また、自分の子だけが助かればいいという思いを持つ親も、経験上、脱会に成功したケースはなかったように思います。「策士、策に溺れる」という諺にあるように、策を練るより深い「親の愛」を伝えることに専念すべきであり、親自身も成長する重要な機会なのです。策は信頼出来るカウンセラーに任せる方が良い結果をもたらします。

もう一つ大きな役割を担うのは、脱会信者です。教団内でのかつての上司や友人などの脱会信者に会い働きかけもらうことで、脱会後もちゃんと生活ができることに自信がつきます。滝本太郎弁護士が主催する「カナリヤの会」などの「脱会者グループ」の支援や語りかけはとても有効です。脱会しても社会の中でちゃんと生きて行けるお手本があることは、心強いのです。また、脱会後も瞑想やヨーガのことを話せる相手がいることも安心感を得ることができます。

子供の心と親の成長

ここで「本音」で話し合うためのポイントを確認します。親として子供が危険なカルトから脱会して欲しい気持ちは、当然のことですが、子供の気持ちを汲むことがここでのポイントとなります。親からすると「そんなくだらない宗教を早く辞めて、お金を稼いで、安定した生活をして欲しい」と言います。「『お金』を得るために、ちゃんとした『仕事』に就き、『年金』を貰って安心した『老後』を迎える」という世間的な図式の話は、子供にとっては何も響かず価値を感じることができません。このような会話からは何も展開しません。むしろ、子供自身が資本主義経済的人生観に疑問を持って、理想を求めてオウムというユートピアに入信したという心の成長を感じ取らなければなりません。「年金」は「解脱」には全く関係がないのです。オウムの教義に完全に染まっている子供に、「結婚」や「年金」「老後の安定」などの話は、全く耳に入ってゆきません。むしろ、このような話は精神的プレッシャーになります。

子供は、「深い心の安定」「高い精神性」「悟り」を目指しています。これは、否定されるべきものではなく、人としてより高次の生き方をめざす価値のある方向性だと認めてあげなければなりません。これを仏教では「菩薩の道」と呼んでいますが、この「菩薩的生き方」の親子での確認は、その後「脱会」「自立」に向けた重要な哲学観として成長し、自分自身で人生を歩んでゆくエネルギーの源となってゆきます。この自己成長のための生きる上での努力は、そのままが人生修行です。ですので、親自身も「精神的な自己成長」を育んでいく必要がありますす。子供に「脱会」という変化を求めるためには、親自身も「深い精神性」へと成長する必要があるのです。

親の精神的学びとは

オウム事件を通して、瞑想やヨーガといった「精神世界」また「カルト」や「裏社会」を知った親さんも多いかと思います。

親さんの中で、子供との仏教論争を行うために仏教を学んでいるという方がたまにいらっしゃいますが、それは止めたほうがいいかと思います。仏教は論争をするためではなく、親自身が「人格者」となるために学ぶことをお勧めします。「仏教なんて奥が深すぎて、一生かかっても学びきれない」とおっしゃるかもしれませんが、良いアプローチがあります。

それは、ブッダか菩薩になりきることです。これを「化仏（けぶつ）」と言います。親さんたちには「観音様」をお勧めしています。中途半端になるのではなくて、自分の存在そのものを観音様と成りきるのです。子供と共に話をする時、常に頭の上に観音様がおられると感じとり、話し方、接し方、振る舞い方の全てを観音様として成りきるのです。難しい仏教哲学を付け焼刃的に学んでも、子供には伝わりません。仏教では、ブッダや菩薩の真似をすることで本物になってゆく、と教えられています。これが「化仏」です。

観音様は慈悲の菩薩として人々に親しまれていますが、子供の全てを受け入れること、正しい道、心ある人の道をちゃんと示してやること、間違った道には命を賭けても守り抜くという厳しさと優しさ。菩薩としての観音様の心をそのまま、自分の心の中に生み、育ててゆくのです。それがそのまま、真の親の姿として深まってゆくのです。

子供に脱会という変化を求めるということは、親自身も変わらなければなりません。どう変わるべきかというと、心の深い「真の親の愛」を体現した「人格者」です。それを「化仏」と表現しているのです。

妙法蓮華経第四信解品　放蕩息子のたとえ

私は今まで、オウム信者脱会カウンセリング活動を行う中、親さんの相談を受けるときには「妙法蓮華経　第四信解品放蕩息子のたとえ」を読み、子供の脱会が叶うように祈ることを勧めています。この喩え話はまさに、オウム信者を子供に持つ皆さんの心情を表しています。

ある若者が、人に騙されて父の元から家出して、他国を放浪した。父は心を痛めながら五十年もの間探し続けたが、行方が分からないままであった。若者は貧しい生活に疲れ、故郷に帰ろうとある国に入った。

その若者の父は大長者となって、金銀の宝にあふれ、象・馬・牛・羊も数え切れず、手広く商売し、金を貸して金利を稼ぎ、大勢の使用人を使っていた。父は年を取り、息子のことを心配しながら日々を過ごしていた。

たまたま貧乏な若者が大金持ちの父の住む町の邸宅の前に来た。父は若者を一目見るなり、自分の息子であることに気がついた。そして使用人にその子を連れてくるように命じた。しかし、若者は「殺されてしまう」と思い、失神してしまった。

それを見て長者の父は若者を解き、方便を使って若者を引き寄せようと考えた。長者の父は若者を少しずつ家に出入りさせて便所の汲み取りや掃除など卑しい仕事をさせ、二十年の月日をかけて息子を安心させた。

長者の父は自分の息子が清い考えを持つようになったことを知り、親戚を呼び、王様や貴族、商人たちを集めてこう言った。

「この男は長い間失踪していた私の息子だ。私の息子に全ての財産を譲る」


この法華経信解品には、親が子を思う真の愛が描かれています。強い忍耐を持って、方便を用いて少しずつ子供の心を開き、囚われの心から救い出したのです。お経には、不思議な力があります。この「妙法蓮華経第四信解品」を何回も読んでみると良いかと思います。ブッダの「智慧と方便」を是非とも体現してほしいと願っています。

仏教カウンセリングの可能性

オウム真理教は、ヨーガや仏教を、特にチベット仏教を表明していますので、同じ仏教を学んだ私にとっては同じ土俵の上で話し易い点があります。仏教哲学ではディベートは一般的にお寺で行われていますし、オウム真理教の教義はチベット仏教からの盗用で組み立てられていますが、すぐに見破ることができるくらいのボリュームですので、ある意味では、論拠をはっきりと示しながら語ることで説得力があり、信者の理解へと繋がります。

一九八五年ころ、チベット仏教のカギュ派のラマが来日した時に、オウム信者がこっそりと参加していて、その時の「ポワ」の教えを受講したことが、初期のオウムがチベット仏教に傾倒していったきっかけだったと記憶しています。また、中沢新一の「虹の階梯」という本も麻原にとって魅力的なテキストだったようです。チベット密教ではチャクラヨーガの行体系はしっかりとした理論によって成り立っていますので、同じ瞑想体験や神秘体験を語り合える土壌があります。

特に出家歴の長い師や師長と呼ばれる中堅幹部の人たちは、瞑想や神秘体験、また仏教教義を勉強していますので、その教義の一つひとつを仏教本来の教えと照らし合わせて提示していくと、多くの教義的矛盾や間違いに気付くことになります。そして、最終的には葛藤が起こってきます。

「本当に自分は仏教を修行したいのか、それとも麻原彰晃という教祖が説く独自の教えを求めるのか」

彼らにとって、本来の「出家」の意味が問われる瞬間です。

オウムを突き抜ける求法の道

私は脱会カウンセリングの中で仏教の話が深まってくると、日本の仏教者や僧侶に会いにゆき、法話を聞くこと、生きた仏教に出会うことを薦めています。オウム信者は「日本仏教は堕落している。葬式仏教だ」と批判します。八割はそうかもしれませんが二割の方々は、仏道を真剣に求めおられ本物がいると伝えています。そのような本物に出会い、仏法の話を聞くことはとても重要で、新しい世界が開けてきます。わざわざチベットに行かなくても、日本でちゃんと仏教を学び、その上でどうしてもチベット仏教を学びたければ、インドでもネパールでもアメリカでも行けばいいとアドバイスをします。

これを私は「オウムを突き抜ける」と呼んでいます。本来の純粋な精神の道を求めるモチベーションを大きく育ててあげることです。これを否定する必要はありません。むしろ重要なポイントは、「なぜオウムの教義では悟ることができないのか、解脱することができないのか」ということを、しっかり仏教理論と実践体系と照らし合わせて、オウムの教義上の矛盾に自分自身で気付いてゆくことです。オウム信者は、このような思考作業をせずにオウムの教義で悟ることができるという教祖の言葉を信じているので、この検証は全くしていません。そこを埋める作業です。

この求法の道の可能性を知ると、多くのオウム信者は生き生きとしてきます。ここは余り焦る必要は有りません。このオウム教義の検証時間をじっくり持ち、何人もの仏教者と会話を重ね、考え方を整理整頓し、修行や瞑想、神秘体験の間違いに気付いてゆく段階では、すでに心は外に向いています。「外の世界でも修行ができる。仏教が勉強できる」という可能性を考え始めたり、行ったり来たりする「ゆらぎ」のプロセスが大事です。外の世界に対する興味と恐怖は裏腹、表裏一体です。ここをはしょると次に引きずってしまいます。

「脱会届」というイニシエーション

親子の対話の潤滑役として脱会カウンセラーという第三者は、子供自身の心の中に「本音」で考える「ゆらぎ」としての存在です。何気ない親子の会話が成立している空気を大切にすること、親の愛情が子供に伝わっているという些細な実感を感じられること、このような感覚と感触は、次の大きなジャンプの段階へと進む、非常に重要な「心の間」です。

親も本人も怖くて、口に出せない内的な「本音」です。

「脱会しないか」と切り出します。

外の世界に出ても怖くない、むしろ開けた可能性があると自分自身の心の中で整理をつける、そのきっかけと勇気を切り出します。多くの子供は、オウム以外では修行が出来ないと考えています。しかし、バイトや派遣で働き給料をお布施して「こんな生活で本当に解脱出来るのか」と内心では自己矛盾を感じています。この内的矛盾の気付きの瞬間が「脱会」への決意に至る変化です。「本音」での話しから「脱会」というジャンプへのタイミングは十人十色、その人その人の内的体験、教団内部の環境や役割によって一人一人違います。

ここまで来ても突然拒絶することも有りますが、その時はまた最初の「心を開く」サイクルに戻ります。また「オウムには戻らないが、『脱会届』までは書かない」という子供もいます。

しかし、「脱会届」というイニシエーションは非常に重要です。通過儀礼です。「本日只今、この瞬間を以って脱会する」というイニシエーションです。オウム真理教の教団でイニシエーションを行い入信し、マインドコントロールをかけられカルト信者になったことに、人生の中でこの日を境に、本日ただ今卒業するという「セレモニー」が脱会届です。

このセレモニーがないと、「世間話できました」「本音で何とか話ができています」「オウムの教義もおかしいと分かってきました」「オウムの事件のニュースや本を読んで色々なことが分かりました」「まあ教団にも戻る気配もないし、このままで良い」と親が思っていても、どこかで教団や信者からの逆の「ゆらぎ」が起こって、教団に戻ってしまったというケースもよくあります。

自分の中の整理整頓のけじめが「脱会届」を書くというイニシエーションなのです。私は、パソコンではなく、自筆で書くことを勧めています。自分の手で一字一字手書きで、文章を自分で考えて書くことです。これが自分の気持ちを整理する為の一番重要な行為として、自分自身で受け止められるようになってゆきます。

オウムからの卒業

この「脱会届」を書く作業を通して、「オウムからの卒業」「カルトからの卒業」が実感できます。「本日只今、生まれ変わる」というこの決意の自覚こそが、一番重要なのです。よく「もう教団には戻らない。オウムは辞めます」と言うことができても、「じゃあ、脱会届を書こうか」と提案すると、書けないという人は何人もいました。その時は、無理に焦らせるようなことはせず、じっくりと「待つこと」「見守ること」が大切です。

「脱会届」を書くという作業に直面し、頭の中でグルグルと思いが交錯しながら気持ちの整理が徐々についてきます。この整理とは過去の自分から今の自分にはっきり一線引くということに他なりません。絶対後戻りしない気持ちの整理を脱会届という具体的な形にするため、ここが本人の内的葛藤のピークとなります。「脱会届」という作業を通しての「卒業式」がないと、気持ちが後ろ向きになった瞬間に、教祖や教義、また神秘体験などの精神的な引き戻しがぶり返してきます。

「脱会届」が自筆で書けたら、次には、それを弁護士を通して実際に教団へ内容証明の書式で送ります。脱会届という教団への絶縁状は「二度と接触してくれるな」というメッセージが込められています。今までの脱会カウンセリングの経験上では、女性は一度「脱会届」を書くことができると割切りがとても早いです。そして、この「脱会届」のセレモニーのおかげで、専門学校などに進学したり、就職できて一生懸命仕事に励んだり、またある方は良きパートナーと結婚をされ、それぞれが新しい人生を歩まれています。全員ではないですが、その点男性はいつまでも教義や教団への思いが断ち切れないで、気持ちの整理をつけられないタイプも見受けられます。

ここに至るまで、三つの段階がありました。

一の段階　メール、手紙、携帯からのコンタクトから世間話の段階
二の段階　心を開いて本音で語り合える段階　脱会に至るまでの本音の会話
三の段階　手書きの文章で確実に脱会届を出すオウムからの卒業式

二本の足で立つ「精神的自立」と「社会的自立」

後戻りすることのない「オウムからの卒業というセレモニー」を通して、人生に一線を引くことができると、親や家族の周りが楽になるという以上に、子供本人にとって精神的に楽になります。オウムという過去と決別し、ここから進む道が「自立」です。ここが、最終段階、長期ビジョンの達成です。目指すべきポイントは二つあります。一つは「精神的な自立」、もう一つは「社会的な自立」です。

この段階まで来ると、オウム教団への恨みが出てきます。自分の大切な人生をオウムというカルトに捧げてしまった後悔と恨みが怒りという感情で発散します。教団内部でのイジメがあったことや上司がこそっと不正や破戒をしていたこと、教団に対する不満が一気に爆発します。これはこれで重要なカタルシス（浄化作用）ですので、「そう、大変だったね」「オウムも世間の会社と同じ組織社会なんだね」と受け止めてあげましょう。そして最終的には、教祖に対しての恨みと絶対的な否定が怒りへと繋がってゆきます。この怒りや恨みの感情が、ある時には突然落ち込んだりと心理的なアップダウンの起伏として起こってきます。この怒りと落ち込みの起伏のサイクルは、個人差はありますがゆっくりと時間をかけたい内的な整理の時間だと捉えることができます。

「最終解脱者への絶対的服従」から「教祖の絶対的否定」は一見、正当な脱カルトの精神状態のようにも思えますが、実はまだ、心のどこかで教祖や教団にこだわっています。ここを、時間を掛けてでも突き抜けられると、教祖が「ただの人」「可哀想な人」と見えてくるのです。これが、本当にオウムからの「精神的自立」です。「教祖という絶対的な存在」から「松本智津夫」という一人の男として、自分と同列上に捉えられると、「彼は彼、自分は自分」「彼は可哀想な人だったんだ」と割り切ることができるようになってゆきます。


教義や神秘体験に対するこだわりは、「精神性の整理」を通して落ち着いてゆきます。また、サリン事件などの反社会的な教団に対しての後悔は、「社会性の整理」を通して安定してゆきます。この「精神性の整理」「社会性の整理」は親や家族だけでなく、第三者としてのカウンセラーや脱会信者の協力が有効です。「自立」へのサポーターとしての「精神の友」が必要です。同じ宗教観や精神観を持った友人が、新しい人間関係として新しい世界へ切り開いてゆく重要な存在になってゆきます。ここにおいては、元信者だけでは駄目だと思っています。「精神的自立」までのある時期までは良いかもしれませんが、元信者だけではどうしても同窓会のように過去の思い出や出来事にしがみついてしまいがちになるからです。

新しい世界で、新しい人間関係を築き、全く新しい人格、新しい人生を再出発する方が本人にとっても楽でしょう。全く新しい社会の中で新しい人間として生まれ変わることができるのです。

「精神的自立」へのサポーターとしての「精神の友」は、ダルマを語れる法友として深い信頼関係が築かれてゆきます。ここにおいて、「脱会カウンセラー」も良き友としての新たな出会いがあります。そこには、上下のない対等な関係、お互いに精神的に自立した関係です。カルマ論、死、輪廻といった難しい仏教理論を話せる相手でもいいでしょう。むしろ、心を開いて語り合える人としての「良き人」と出会うことが一番重要となります。それには、まずは自分自身が心を開かなくてはなりません。多くの脱会信者は、「今まで、本当に良い人と会っていなかった」「人の縁が悪かった」と語ります。この良き人と会うことは、自分自身が「精神的自立」がちゃんとでき、「精神的成長」をしてゆく姿勢に関わっています。まずは、自分が心を開いて、自然に語り合える友だち作りが第一歩となり、自分自身が「良き人」になることから始まります。

そして時間を見つけては、仏法を語る良き「善知識」を求めて、訪ね歩くことをアドバイスしています。「宗派を超えて多くのお坊さんたちに、ちゃんと礼節をもってコンタクトして、一人一人のブッダの道を歩む人生の歴史をお聞きするといい」と求法の勧めをしています。

「社会的自立」は、オウム事件以後の長いデフレ不況の中で困難なものでした。社会的に仕事をし、経済的な自立を得るためには、家族や友人、親戚の協力が不可欠かもしれません。家族や親戚が自営業をされている場合は理解を得て、問題なく仕事に就くことができます。親や家族が全ての脱会プロセスをちゃんと理解して見守る姿勢と関係性は、本人にとっての安心感に繋がります。また、専門学校や大学などの進学も、社会的自立な自立へのステップアップになりますし、新しい人間関係ができるチャンスとなります。結婚された方もおられます。また、伝統仏教の僧侶の道を求めて出家された方もおられます。

この最終着地点においては、彼らは「元信者」ではありません。ですので、私はメディアから「元信者」を紹介してほしいと頼まれても、一切拒否します。彼らは新しい人生を歩んでいるので後ろを振り返る必要がないからです。そして、私自身もこちらからは連絡をしないようにしています。もしも彼らに何か問題が生じたときには、いつでも遠慮なくコンタクトをしてほしいと伝えてありますので、何かの壁に直面した時には連絡があります。私は「連絡がないことが、良い知らせ」だと思っています。

この社会は仏教的には末法の五濁悪世として、誰もが世間の中で「四苦八苦」しながら生きています。だからこそ「自灯明」「法灯明」として、自らを拠り処として、仏法を拠り処として、心ある道を菩薩的生き方を求めてゆくことが、新しい人生を歩む力となるのだとアドバイスしています。これが、オウムを突き抜ける道だと語っています。

着地点は「親離れ、子離れ」

親子関係の着地点は、最終的には「親離れ、子離れ」であると思います。互いに健全な個として認め合うことで、「親離れ、子離れ」が成立します。健全な個と個の大人の関係としての日常生活が、最終着地点だと考えています。それは一緒に暮らさなくとも、どこで何をしていても、互いに何気ない会話ができ、信じ合える関係があれば十分です。

親の子供への心配は絶えないものです。「オウムを脱会してほしい」「脱会したら、仕事を得て経済的に自立をしてほしい」「結婚をして家庭を持ってほしい」「孫の顔を見たい」と、親の思いと願いは果てしなく膨らんでゆきますが、根本的な親の願いは「カルトからの自立」でした。この一点の願いは、精神的成長としての果「精神的自立」「健全なる個の確立」です。この互いの「個」を認めることが「親離れ、子離れ」に他なりません。

「今まで本当に良い人と会っていなかった」「人の縁が悪かった」という脱会信者が、親という良き人と会うことになります。そして、お互いの信頼関係が築かれることで、互いの「心の自立」「精神的自立」が確立するのです。

この「親離れ、子離れ」に至るまでには、数々の修羅場を経験したかもしれません。様々な苦悩や葛藤を乗り越え、命がけで子供をカルトから救い出しながらも、最後は手放すときが必要です。ここが祈りと希望を持ち続けたことで実現した最後の着地点「親離れ、子離れ」だと思います。

以上三つのビジョンのステップが、皆さんに訪れ、必ず良い結果として実を結ぶ事を心から祈っていることを、そしていつも応援していることを忘れないで下さい。

ありがとうございました。

第五章　虚妄の霊を生んだ闇の構造

オウムの暗闇からの問題提起

オウム真理教に関する様々な闇の部分は、今までにもメディアやジャーナリストから報道されてきた。中でも「オウム帝国の正体（新潮社 一橋文哉 2000）」は、国松長官狙撃事件、村井刺殺事件、坂本弁護士一家殺害事件、そしてロシアや北朝鮮、外部勢力とのつながりなど、捜査機関内部からの情報を元に書かれた興味深い視点である。

私はジャーナリストでも捜査機関でもないので踏み入ったことや推測で語ることは控えるが、オウム信者をカウンセリングする中で、また現役信者を子供に持つ親が子供と接する中で知り得た断片的な情報を、つなぎ合わせることで薄ぼんやりと見えてくる闇の部分がある。

以前、あるメディアの方から驚かれたことがある。「私たちはいろんな情報を得る機会があります。それには事件屋から情報を手にいれることもあります。日本中世界中のネットワークから欲しい情報を手に入れます。しかし、私が捉えているオウムの闇の部分に関する見立てを、なぜ山の中に住んでいる一般人のあなたが私の持っていないピースを知り得ているのですか」

私が今まで相談に乗ってきた一人ひとりの親は、子に会いたい一心から教団施設の陰で子を一目見ようと待ち続け、思わぬことを知ることがある。また親にとっては些細な子供との会話から聞き得たことが、複数の親の情報をつなぎ合わせてゆくと見えてくることがある。このような多くのカウンセリングを重ねる内に、ジャーナリストや捜査機関さえも気付かぬ情報や視点が現れてくる。

この章では「虚妄の霊を生んだ闇の構造」と題し、オウム問題の暗闇に少しでも光を当てることで問題提起をしたい。特に「日本シャンバラ化計画」を実行する上で、オウム信者を「聖なる戦士」へと作りあげるために実施された宗教儀式「イニシエーション」に注目する。

ＬＳＤと覚醒剤の宗教儀式「イニシエーション」

オウム真理教はイニシエーションと称し、信者にＬＳＤを飲ませマインドコントロールを行った。薬物使用の事実は、仏教や「解脱」を求めて入信した多くのオウム信者に対する極度の精神的リンチであり、麻原教祖による信者への宗教的裏切りである。オウム教団で行われた薬物イニシエーションは、マインドコントロールというよりは、むしろ洗脳の技術であったといってもよい。いまだかつて、千人以上に及ぶＬＳＤ服用の臨床実験が宗教儀礼の名の下で行われたことがあったであろうか。ＬＳＤという薬物がオウム信者の人格をどれほど破壊したのかという事実を、社会はもっと深く検証しなければならないと考える。ＬＳＤの製造計画に関しては、「オウム法廷 グルのしもべたち上（降幡賢一 朝日文庫）p250~」に詳しく記され、その実態が裁判法廷で暴き出されているが、ここではさらに、薬物イニシエーションの問題に光を当ててみたい。

一九九四年以後、麻原は多くの在家信者に出家を強要させるために、この薬物イニシエーションを受けさせた。信者は地方の各支部から当時の上九一色村にあるオウム教団本部にバスで乗り付け、麻原から「霊的エネルギー」を授かるために「イニシエーション」を受けた。

この「キリストのイニシエーション」と呼ばれる儀式では、「サットヴァレモン」というLSDが入った黄色い液体を、何も知らずに飲ませられる。その後、シールドルームと呼ばれる狭い個室に、あらかじめオムツを履かせられて監禁されるのだ。そこでは、二四時間の瞑想修行と称し、LSDの幻覚症状を神秘体験として植え付ける「洗脳」が行われていた。閉ざされた空間に信者を監禁し、あらかじめセットされたビデオには、死に関する様々なシーン、残酷な屍体映像などが映し出される。LSDによる極度の幻覚作用が引き起こされる中で、信者はこれらの「死」にまつわる映像を、強烈な印象として脳裏に刷り込まれていった。ほとんどの信者はあまりの恐怖心に恐れおののきながらも、閉鎖空間から逃げ出すこともできず、麻原への「帰依」のみが死への恐怖を乗り越える唯一の方法だと無意識の中に刻み込まれてゆく。シールドルームには、麻原の写真が掲げられており、教祖への帰依を深めれば深めるほどに、幻覚作用を伴って教祖の写真が輝き出す体験をする。「死は必ず来る。絶対来る。死はさけられない」などと反復の教義や説法テープが流れる中で、教祖の光は霊的エネルギーを持ち始め、「神秘体験」へと瞑想が深まってゆく。

後に信者たちが「神秘体験」と呼ぶものは、すべて薬物イニシエーションによる極度の幻覚作用であった。その「神秘体験」は、「死」にまつわる「恐怖心」を監禁状態で植え込み、教祖への帰依を深めることで霊的エネルギーを授かる「洗脳手段」であった。

この「薬物イニシエーション」の実施効果が成功したことで、その後、さらに覚醒剤を加えた「ルドラチャクリンのイニシエーション」が行われた。宗教儀式としての「イニシエーション」を求めて信者たちが「神秘体験」という「洗脳」を受けてゆくその裏では、土谷正実、遠藤誠一らの幹部がLSDや覚醒剤を教団内で密かに合成していった。その原料は早川紀代秀がロシアから密輸していた。「オウム帝国の正体」によると、このオウムが製造した覚醒剤が暴力団に密売され、教団内での多額の資金源となったと語られている。村井秀夫が「オウムの資産は一〇〇〇億円」と豪語した根拠である。このような闇のルートは一般人では解らないし、法廷でも明らかにされていない部分が多い。

オウム教団内で宗教儀式という名を悪用した薬物イニシエーションは、個々のオウム信者にとって「神秘体験」という心の奥深い「瞑想体験」として位置づけられている。その真の目的は、麻原が描く「日本シャンバラ化計画」を実行する「聖なる戦士」を育てるために、信者を洗脳することであった。「絶対的帰依」と「終末思想」を植え込むために、「宗教儀式」を偽った薬物イニシエーションによって千人以上の信者に薬物が投与され、国家転覆計画の戦士育成に利用されたという事実をもっと深刻に捉えなければ、オウム事件の本質が見えてこないのではないのか。

富士清流精舎と呼ばれる教団施設では、鉄工所から乗っ取った大型工作機械を使って、信者たちが一〇〇〇丁のロシア製の自動小銃ＡＫ７４を密かに製造していた。「第七サティアン」の教団施設では、すでに一工程で七〇トンのサリンが製造できるプラントが完成していた。そして化学実験ラボでは、サリン、ＶＸガスといった毒ガス兵器が製造され、滝本太郎弁護士、永岡弘行氏、江川紹子氏、池田大作氏など教団に敵対する存在に容赦なく攻撃をしかけていった。ロシアからは毒ガス兵器の散布のために軍用ヘリコプターを購入し、「日本シャンバラ化計画」を実行する準備はほぼ整っていたのだ。

仏教を求めて入信したオウム信者たちは、テロリスト戦士として育てられるために、薬物イニシエーションで恐怖心を刷り込まれ、洗脳されていった。そして、この薬物イニシエーションによってどれだけ多くの若者の心が傷つきその後遺症に悩まされ、今もその時の「恐怖心」

から教団を離れることができず、現役信者でいることを知らなければならない。

薬物イニシエーションの後遺症「神秘体験」

このＬＳＤや覚醒剤を使用した薬物体験は、オウム信者のほとんどの若者にとっては初めての薬物体験であり、閉鎖空間で引き起こされる恐怖の幻覚作用は深い心の傷、心的外傷後ストレス障害(Posttraumatic stress disorder、ＰＴＳＤ)をもたらした。信者たちは、誰にも語ることのできないＬＳＤによる恐怖体験を、瞑想による「神秘体験」と置き換えることで自分自身を納得させ、教祖に対する絶対的な帰依と教団に対する信仰を深めていったのである。

この薬物イニシエーションによる「神秘体験」は、真面目に仏教を学びたくてオウムに入信した若者たちの尊厳と菩提心を酷く踏みにじる宗教的虐待行為である。「シールドルームという閉鎖空間」「ＬＤＳや覚醒剤の薬物による幻覚作用」「教祖の写真」「死のビデオ」「鳴り響くマントラ」「教祖の声」これらすべてが洗脳システムとして機能し、信者の心の奥に刻まれた深い心の傷は、一人では拭い去れないものとなった。彼らの言う「神秘体験」とは、薬物イニシエーションの後遺症、ＰＴＳＤとして捉えるべきである。そして未だ、オウム教団を脱会できない信者たちの隠された理由として理解する必要がある。

親や家族に対し「自分は深い神秘体験をした」「瞑想体験は誰にも理解できない」と「神秘体験」を語るのだが、カウンセリングを深めてゆくと必ずこの薬物イニシエーションによって引き起こされた体験であったことを、彼らは告白する。誰にも語れない体験を語れるようになることは、ＰＴＳＤという心の深い重荷が解かれる重要な一瞬でもある。一度この体験を他者に吐露できると、後は堰を切ったように心の奥深いものが湧き出てくるようになる。そして、オウム信者が経験した「神秘体験」を改めて捉え直す作業を行うことで、呪縛からの解放へと一歩踏み出すことができる。

ＬＳＤの臨床実験データのゆくえ

私はオウム信者のカウンセリングの中で、このシールドルームでのイニシエーションの様子を克明に聞く機会が多々あり、そのリアルな状況を聞く度に驚かされた。ある女性元信者は看護師として、シールドルームに入る準備と薬物の使用量、年齢、体重、過去の薬物使用歴などをデータに記し、薬物体験の信者の薬効を詳細に記録する係であった。男女問わず幻覚症状からの失禁の手当てのためにオムツが着用させられた。イニシエーションを受けた信者から警察の尿検査での発覚を恐れ、イニシエーション後には利尿剤を服用させ「温熱療法」をさせるという徹底ぶりであった。一九九四年六月から九五年三月までに、これらの薬物イニシエーションは出家者約千二百人、在家信者約千人に実施された。

この膨大な人数の薬物イニシエーション体験の臨床データが、その後捜査で押収されたり、その所在が裁判などで一部でも公開されたということを聴いたことがない。ＬＳＤや覚醒剤を使用した薬物洗脳のプロセスが記された数千点の臨床データは、一体どこにいってしまったのだろうか。

これらの薬物イニシエーションは治療省大臣、林郁夫が担当していた。その下に多くの看護師が働きデータを取っていたのだが、治療省を管理し指示をしていたのが、オウム教団法皇官房のトップ、石川公一である。オウム教団法皇官房は、特に在家信者に対し薬物イニシエーションを行い、出家の強要を行っていた。

石川公一は、地下鉄サリン事件の数日前、「リムジン謀議」に参加していたにもかかわらず、また警察が「覚醒剤製造のキーマン」と調書に記しながらも、その後釈放され犯罪事件として追及されていない唯一のオウム大幹部である。石川公一は、麻原のブレーンとして教団幹部の実質的トップであった。また、強烈な幻覚作用をもたらすＬＳＤをイニシエーションと称して信者に与える洗脳手段として利用することを提案した。そして、ヴァジラヤーナの教義を確立したのは、石川公一であったと「オウム帝国の正体（p198）」では示唆している。

石川公一こそがこの膨大なＬＳＤの臨床実験データのゆくえを知っているに違いないと推測できるのだが、裁判でも問題にされていないことが不可解だ。村井刺殺事件を「トカゲのしっぽ切り」と法廷で上祐史浩が語ったと早川紀代秀が証言するように、オウム教団で製造された覚醒剤を巡る暴力団との関係が闇の中に閉ざされたままでいるが、なぜ、石川公一が釈放され訴追を免れたのか、ここに「虚妄の霊を生んだ闇の構造」を明かす何かしらのピースが隠されているのかもしれない。

狂気の妄想が「虚妄の霊」を生む

薬物イニシエーションでは、参加した信者すべてが講堂に集められ、麻原自身がＬＳＤの黄色い液体をワイングラスで飲みながら説法をした。そこでは、信者全員も一緒に黄色い液体を飲んだと信者たちは言う。麻原自身も、ＬＳＤの常用者であった。

麻原にとってのＬＳＤによる幻覚作用は、国家転覆を目指す「日本シャンバラ化計画」の実現として増幅し、信者を自らの思うがままに、自分のクローンのように使って武力テロを実行しようと危険な妄想を掻き立てていった。この狂気の妄想は、オウム真理教という閉鎖空間で増大し「虚妄の霊」として実態を持ち始め、社会に戦いを挑んでいった。この狂気の妄想のために多くの人々が死に傷ついた事実を「聖なる狂気」と持ち上げるには余りにも危険である。現実には、この妄想は麻原個人の狂気という以上に、複数の闇の組織が、薬物や武器の製造薬物といった闇の資金源としてオウム教団に食らいつくように、形成されていったのだ。この「虚妄の霊」を構成する闇の構造は深い。

裏オウムと裏金　「虚妄の霊」が実在するのか

事件当時、山路徹氏がＴＢＳの報道番組「筑紫哲也ニュース２３」で唯一「裏オウム」の存在をレポートしたことは衝撃的であった。しかしその後、どのメディアも「裏オウム」の存在を追求することはなく記憶の闇に消えていった。この「裏オウム」とは、事件直後オウム教団から「選ばれた信徒は一時、在家に戻り、地下活動に専念しろ」と尊師通達が出され結成されたという。一チームが五人から形成され、地下活動組織が四〜五グループあると言われているが、その実態は誰も知らない。

二〇一三年に最後のオウム逃亡犯、高橋克也が逮捕されたが、彼は諜報省の所属メンバーとしてオウム事件実行犯の一人である。この諜報省の所属メンバーは、四〇〜五〇人ほどいると見られているが、彼らが姿の見えぬ「裏オウム」となって未だ活動を続けていると思われている。高橋克也の裁判で「裏オウム」の実態が明らかになることを望むが、裁判員裁判において深く追求されることは期待できないのかもしれない。捜査機関では今も「麻原教祖奪還計画」が実行されることを一番危惧していると聞くが、姿の見えぬ諜報省のメンバーによる「裏オウム」の存在は不気味である。

またサリン事件直後に行われた強制捜査では、教団施設内に刻印のない金塊や、多額の現金の入った茶封筒があったと報道された。しかし、これらの現金はなぜか捜査当局によって押収されなかった。一説によると、教団内の金庫にあった現金七億円が消えたと言われている。またオウムの隠し資産は三十億円とも言われている。村井秀夫は「オウムの資産は一〇〇〇億円」と豪語した。この「オウムの裏金」は今、どこに隠され、誰が管理しているのであろうか。

サリン事件直後の強制捜査から数年後、建設省トップ早川紀代秀の元で仕事をしていた中田清秀が、木曽福島の山荘を妻名義で購入した。その後オウム教団に売却し、飛騨の各地に施設数カ所、広大な山林などの不動産物件を購入した。個人資産の全てをお布施して家族でオウムに入信したはずの出家信者が、これら多額の資金をどこから調達したのだろうか。

破防法が適応されたらオウム信者たちが集まれないという理由で、中田清秀は自分の元に身を寄せたオウム信者たち全員と養子縁組をし、一時期はオウム信者数十人と共同生活をしていた。自分の子供が籍を抜き、中田清秀の戸籍上の子供となっている事実を知った親たちは驚愕した。私が相談を受けていたご家族の子供たちは、今では脱会し幸せに暮らしているが、当時は「元のお父さん、お母さん」と呼ばれながらも、子供会いたさに施設へ定期的に面会を求めていた。当時の親の気持ちを察すると、家族の心痛は計り知れないものがあっただろう。

一九九九年、中田は飛騨の寒村の中古物件を不動産ブローカーから購入し、それをオウム教団に転売した。地元のオウム進出反対運動に協力し、私は何度も「近々オウム新法が成立するので、買い戻しは絶対にすべきではない」と忠告したが、自治体は密かにオウム教団と交渉し物件を買い戻した。その時、物件購入費用と併せて数百万円の謝礼金をせしめたのが当時のオウム教団幹部、野田成人であった。オウム情勢を読みきれなかった自治体の失態が、結果的に教団に資金を提供するする形になってしまった後味悪い事例である。

中田グループは現在では、数人が残るのみでかつての勢いはない。当時、「血をもて遊ぶものは、血に苦しむ」「地を転がすものは、地に縁遠くなる」と警告した通り、中田清秀は肝臓の病に伏していると聴く。因果応報なのであろうか。

しかし、飛騨に残された幾つかの施設と広大な山林はそのまま温存されている。いつの日か現金化される時を待っているのであろうか。先例があるだけに、再び教団の手に渡らないことを祈っている。

マスコミによる捜査撹乱「国松長官狙撃事件」

オウム事件の中でも三大闇事件として、「国松長官狙撃事件」「村井刺殺事件」「坂本弁護士一家殺害事件の背後」が挙げられる。特に「国松長官狙撃事件」は、一九九五年三月オウム施設の強制捜査直後に、その総指揮に当たった警察のトップが銃撃されたことで世間に衝撃を与えた。当初、北朝鮮のバッチが落ちていたことで外国勢力犯行説などが取りざたされたが、オウム信者であった警察のK巡査長が犯行を自白した。

この自白は苫米地英人の催眠術によって引き出され、その様子が「長官狙撃自白の全記録」と題する取り調べの記録ビデオの一部として、日本テレビの「きょうの出来事」が放映した。この催眠術によるK元巡査長の自白によって狙撃で使用された拳銃の捜索のため、神田川で川底を大捜索されたのは、今も記憶に残るところである。この催眠術による取り調べと放映を仕掛けたのが、日本テレビの記者、木下黄太であった。彼は執拗にK元巡査長犯行説を支持し報道を続けるが、K元巡査長が催眠術によって現実と蒙昧の区別が曖昧となり、証言が二転三転し、容疑者である本人すらも記憶がはっきりとしなくなった。催眠術で意識と記憶が混乱してしまった中でのK元巡査長の自白は、結果的に証拠不十分として釈放され起訴猶予となった。警察トップが銃撃された日本の犯罪史上例を見ない「国松長官狙撃事件」は時効を迎え、その真相は闇の中となった。

日本テレビの記者、木下黄太によるメディアの事件捜査介入が結果的に捜査の撹乱を引き起こし、「国松長官狙撃事件」の迷宮化への一つの要因となったことは否めない。メディア取材の原則は、様々な角度から検証を重ねることで事実に肉薄し光を当てる姿勢を持つべきであるのだが、木下黄太のような「決めつけ取材」ファナティックな「直進的行動志向」は、マスメディアという「力」を持つシステムにおいては危険極まりない問題行為である。この事例は、松本サリン事件でも問題になったように、「メディアの立ち位置」「偏った取材姿勢」を再考すべき重要な問題性を含んでいる。その後木下黄太は、上層部から責任を取る形で日本テレビ社内で取材現場の第一線から外された。真摯に反省すべきであろう。

メディア、捜査機関の役割　継続性の問題

オウム教団を取り巻く闇の構造を「ヒト、モノ、カネ」の三位一体の要素から見てゆくと、また違った視点で捉えることができる。オウム教団を取り巻き金ズルにしていた人物や組織、海外ルート。武器、麻薬、化学兵器。そして一〇〇〇億円と豪語したオウムの資産。しかし、ジャー

ナリストや捜査機関でもない私の推測や疑問はこれ以上語らない方が良い。その役割はメディア、ジャーナリスト、捜査機関にお任せしたい。

オウム事件直後から、私は多くのメディアから取材を受け情報を提供し、捜査機関に対し情報分析をしてきた。共に膝を突き合わせ「オウム」という闇の構造にわずかな光を見出し、教団の情勢を分析し、信者の脱会自立へと導く作業を続けてきた。ましてや命や危険と隣り合わせの失敗が許されない脱会カウンセリングとなると、慎重さと大胆さからの視点と行動が求められてきた。それは、今でも変わらない。

公安調査庁が、「教団はオウム事件以前の危険な教団に回帰した」と指摘しているように、現在もオウム教団の危険性、反社会的な体質は依然として変わらない。むしろ、信者が増え、豊富な資産を再び保有し、殺人肯定理論ヴァジラヤーナの教えが今も説かれている。

このような情勢の中で、メディアの役割は大きい。「オウム問題を風化させないように」とよく言われるが、信者を子供に持つ親や家族の中では、オウム問題は決して風化などしていない。世間がオウム問題を忘れてしまうことが問題なのだ。オウム問題とは、深刻な現在進行形の問題なのである。メディアのあり方次第で人々のオウムへの関心の度合いが異なってくるために、現状を見抜く目が養われた取材の継続性は大変重要だと感じている。

しかし、事件から二〇年が経つ現在では、メディア組織や捜査機関の人事交代や退職など、当時から継続してオウム問題を一貫して追いかけている人は極めて少ない。当時の捜査機関の担当者の多くの方は退職されたか、退職間際の方が多いし、現在のメディアや捜査機関の最前線に立つ若い担当者は、当時のオウム事件の緊迫感は資料の中にあるのみだ。

オウム問題に対する継続性の重要な点は、時として一見全く関係のないように見える点と点が結び付くことにある。また一つひとつは何気ないピースであっても、複数が繋がることで全く違う視点が照らしだされることもある。オウム真理教設立から約三〇年、オウム事件から二〇年という継続性からの視点を、今後も誰かが持ち続けなければならない。そして、それは特定の個人や組織ではなく、各ジャンルの緩やかなネットワーク的集合体として智慧と情報が共有され、常に様々な視点から検証され対応されてゆくことが望ましい。

オウム真理教という「闇」に、常に光を当て続ける作業が必要だ。

オウムの闇の深層「日本シャンバラ化計画」の全体像

オウム真理教が行おうとした「日本シャンバラ化計画」は明らかに国家転覆テロ計画であった。すべてのオウム事件が、このテロ計画を実行する中で行われた犯罪であったと認識すべきだ。個々のオウム事件は刑事事件として裁かれたが、国家転覆テロ計画の全体像からの視点で、オウム事件を捉える必要があるのではないのか。

なぜ、破壊活動防止法が適応されなかったのか。たとえ破防法が適応されなかったとしても、国家的テロ計画を捉える視点をもつことで、凶悪な個々のオウム事件を「日本シャンバラ化計画」という全体像から捉える最も重要な問題を見失うことがなかったのではないのか。

また、なぜサリンプラントであった第七サティアンを素早く撤去してしまったのか。第七サティアンは、「日本シャンバラ化計画」の象徴的存在であった。じっくりと時間をかけて巨大なプラントを解体しながら、サリン製造装置を構成する機器や部品、一つのネジからも、意外な繋がりや関係性、製造方法、計画図、設計者など、今だ解明されない構造的視点が見出せたのではないか。事件の仔細をつぶさに検証する視点が必要であったのではないのか。

覚せい剤などの薬物や武器の購入など、外国勢力や裏の組織などとの関係が噂される中で、「日本シャンバラ化計画」は本当にオウム真理教だけの計画だったのか。そして、なぜ、現在もオウム教団の存続しているのか。再検証が必要であろう。未だにオウム真理教にまつわる闇は深い。

第六章　虚妄の霊を超える

虚妄の霊がゆく金剛地獄の道　松本智津夫の悪人正機

仏教には小乗、大乗、密教と大きく三類の戒がある。小乗（上座部）では、具足戒と呼ばれる戒律、厳格な出家戒を保つ。大乗では菩薩戒という十善戒を保つ。そして、密教においては、口伝と密接に結びついたサマヤ戒を保つことが最も重要である。

オウムのいう出家とは、仏教本来の出家の姿ではない。ここで一番の問題は、サマヤ戒である。サマヤ戒とは密教の教えを保つ師から奥伝と共に授けられる。サマヤ戒を受けることは、師から教えの本質である口伝を授かることである。チベット密教を正式に学んだことのない麻原は、もちろんサマヤ戒を授かってはいない。麻原の説くヴァジラヤーナとは、自己流の教えである。

サマヤ戒を保つことのない自己流の金剛乗。これは昔から法脈を保つ師が最も厳しく戒めてきたことだ。またそれゆえに、むやみに金剛乗を語ることなく大乗の菩薩の教えを理解したもののみに教えを授ける理由でもある。たとえ口伝を受けられサマヤ戒を持っていても、その教えの意味を曲げたり、自己流に勝手に解釈することも破戒である。金剛乗の修行者にとってサマヤ戒を破る行為は、十八種ある地獄の中で無間地獄よりもさらに深く最も苦しくて恐ろしい

「金剛地獄」に落ちるのだと伝統的に厳しく戒められてきた。

地獄には熱地獄と寒地獄の二種類があり、それぞれ悪業の重みによって軽いレベルから最も重い無間地獄まで、熱地獄と寒地獄の各々に八段階があると言われている。この熱寒両地獄には一つずつに近接地獄があり、合計十八種の地獄が存在すると経典には説かれている。地獄の苦しみとは耐え難い責め苦にあい、その恐怖におののき、それでも死ぬことはできずに、何百年も何千年もの間、恐怖と失望感に耐えなければならない。しかし、金剛乗の修行者にのみ存在する「金剛地獄」の苦しみは、これら十八種の地獄の責め苦など比ではない。なぜならば、これら十八種の地獄はすべて五感を通した感覚的な苦しみであるのに対して、「金剛地獄」の苦しみは終わりのない精神的妄想（パラノイア）の苦しみであると言われているからである。

自己流の金剛乗を語り、多くの弟子をその間違った教えによって導き、さらには間違った教えにもとづいて何の罪もない多くの人々の命を奪った麻原彰晃の悪業は、「金剛地獄」へ行く以外に道はない。

彼の罪は、社会の法律においては死刑を宣告されたが、ブッダの法においては、すでに結論がでている。サマヤ戒を破った麻原彰晃は、「金剛地獄」へ行くことがすでに決定している。いや、今も拘置されている彼は、すでにそこにいるのかもしれない。そればかりでなく、彼の妄想と罪を共有してしまった多くのオウム信者たちの罪さえも、麻原彰晃は引き受けなければならないだろう。

それでは、麻原彰晃に救いはあるのだろうか。

彼が麻原彰晃という虚妄の仮面をかぶり続ける限り、サマヤ戒を破った罪は永劫に渡り、自分自身が作り出した無限の虚妄の暗闇の中で一人苦しみ続け、「金剛地獄」から抜け出ることはないだろう。

しかし、彼の心の中の最大の妄想である麻原彰晃という虚構の仮面をはずし、松本智津夫という本来の裸の姿に帰るとき、自分の犯した罪業を悔いて、すべてを懺悔することができる。そのとき、自らの心の内にある仏性を見つめることができるだろう。

麻原彰晃が何百万回と自作のマントラを唱えようとも、救われることは決してない。たとえ、南元阿彌陀仏と念仏を唱えようとも救われることはないだろう。阿弥陀仏の第十八誓願とは、すべての自我を払いのけ、大いなる内なる光明に帰依することを意味するからである。それは自我を越えた光輝く仏性に気付くための、阿弥陀仏の大方便力に他ならない。

麻原彰晃というパラノイアの雲を吹き跳ばし、野望に染められた自己流のヴァジラヤーナの思想を消し去ったとき、この世に生を受けた一人の男、松本智津夫が、自らの心の本質である仏性という輝きを知るだろう。

そのとき初めて、松本智津夫は「金剛地獄」という無限の虚妄の暗闇の中に、光明を見ることができる。

一人オウム　自然脱会はない

滝本太郎弁護士は、「一人オウム」の信者の存在を的確に指摘している。分裂や内部争いまた内部でのいじめや排除などから、何らかの状況でオウム教団を離れることになり、自宅に戻ったり一人暮らしをする信者たちがいるが、「一人オウム」とは、たとえ一時脱会をしたとしても心の中には未だオウムの教義が支配しており、帰依の心を持ち続け、誰にも語ることができず、孤独に社会の中で暮らすオウム信者のことを指す。

私は家族の会などでは常に「自然脱会はない」と言い続けてきた。オウム教団を離れても、オウム的思考と神秘体験の罠が心の奥深い内に潜んでいると考えている。再び何か状況の変化で、このオウム的思考が顕在化すると再びオウム教団に戻るか、また仲間を募ったり仲間に誘われたりして教団に戻るか新たな分派グループに加わってゆく可能性が無きにしも非ずと考えている。

このような「一人オウム」は脱会カウンセラーでなくとも家族や友人、弁護士などと、いつか誰かに「内面を吐露し、心の整理整頓」をつける必要がある。

オウム事件前後からネット社会で名を馳せたカリスマブロガー「河上イチロー」も、実は「一人オウム」であった。事件以後オウム教団を離れていたが、その後サイバー教団を目指す当時の上祐新体制オウム教団にオウム信者として復帰したことが、ネット上での話題をさらった。しかし彼はその後、滝本太郎弁護士と対話を重ねることで、脱会へのアドバイスを受けることになる。彼は正式に退会届を教団に提出し、真の脱会を決心することができた。弁護士より正式な脱会届けがオウム教団に出されたことで、彼は「一人オウム」ではなく、精神的自立への道を歩むことができたのだ。

今も、「一人オウム」として暮らす元信者は多い。そんな彼らにこそ、心に巣食う「虚妄の霊」を晴らしてもらいたいと、私は心から願っている。冒頭の来訪者の彼も刑に服し家族に支えられながら、未だ「虚妄の霊」に取り憑かれた「一人オウム」だ。もちろん、彼は事件を心から反省しているので教団に戻る気持ちは毛頭ないし、そこは本人も深く自覚している。しかし、深く刻まれ心の闇から沸き起こる「虚妄の霊」に、未だ悩まされ続けている。彼が「内なる智慧の光」に気が付くには、もう少し時間がかかるのかもしれない。私はその時がくる日を心から願い続けている。

親の愛の祈りと光が、虚妄の霊の暗闇を晴らす

オウム真理教に子供が入信した親は、「子供を救いたい」という切なる気持ちを持ち続けている。この思いは、カルトの暗闇を晴らす強い意志を秘めている。当初は親や家族の誰もが、暗闇の中を手探りで出口を探すような辛い思いであった。いくら子供や教団に働きかけても、何も進展しない。絶望の日々と無力感に打ちひしがれる。道端で子供に出会っても逃げてゆく。電話をしても「二度と連絡をするな」と言われ、体に触れると「悪いデータが入る」と避けられる。子供は親や家族に対し「あなたたちはステージが低い」と言う。

しかし、どの親も子供がキツネ目のオウム顔であっても「わが子はわが子」として、親子の血の縁を切ることはできない。

親子が共に暮らせる家庭関係も重要だが、それ以上に離れていても親子の心の関係を再構築したい取り戻したいと、「家族の会」では、今も子供たちに語り掛けている。オウム真理教設立から約三〇年、オウム事件から二〇年。親や家族の忍耐強い活動も、親子共に年を重ねる中で、多くの親は今では高齢になっており、生きているうちに、親子関係を修復したいと切なる願いを持ち続けている。

どのような困難な状況であっても、希望を捨てずに、必ず子供を救い出すという強い信念をもった親と家族は、必ず願った通りの結果を得ると、私は信じている。その時間が早いか遅いか、一年なのか十年なのかは個々の状況によるが、願いを持った行動は必ず叶う時が来る。

先の章で、「慈悲」「人格者」「化仏」「菩薩」など様々なアプローチを提示してきた。これらすべては個人の感情から発せられた「愛情」ではない。「愛」や「慈悲」の無私の実践行動を示している。この「愛」や「慈悲」という子供を救いたいという真の思いは、親の意識の成長をも求めている。子供がカルトからの脱会自立を求めるためには、親自身も成長し、共に一人の個としての人格へと成長しなければならない。そしてこの精神的成長が、親の愛として輝き出し、「虚妄の霊」の暗闇を晴らす力を持っている。親の祈りが「虚妄の霊」の暴く源となるのだ。この無私なる親の愛の祈りと希望の光は、「智慧の光明」そのものに因を持つからである。

道標としての脱会カウンセラーの存在

私が今まで、共に脱会カウンセリングを行った宗派を超えた仏教者やキリスト教の牧師たちは、本当に命を賭けて真剣に相談者の悩みに耳を傾けている方々ばかりで、宗教を超えた有り難い出会いを得たと思っている。

脱会カウンセリングでは「親と子とカウンセラー」という三位一体の関係の中で、カウンセラーは親の愛の祈りを支え、互いを結びつけてゆく役割である。智慧を以って光や希望へと導いてゆくカウンセラーが、道標としての働きをする。親子の関係が修復され、愛の光によって結ばれる時、脱会カウンセラーの存在は親子の中に宿り続ける。そして、親子や家庭が円満な日常を取り戻すことができると、光と希望を残しながら、その存在は徐々にフェードアウトすべきだと、私は考えている。親子や家庭の記憶から「カルト」というキーワードが消えた時こそが、本当の日常なのだと思いがあるからである。そして、カウンセラー自身も互いに人生を励まし合う関係、良き友人として再会することができる。もしもまた、問題が起こった時には、いつでも連絡が取れ、相談ができる関係を残しながらである。

智慧という希望の光

オウム事件をきっかけに世間では「宗教は怖い。宗教は危ない」という風潮ができてしまった。これは非常に残念なことだ。しかし、この「宗教」という言葉は、「宗教団体」という意味で使用されている。今、最も重要なのは「宗教団体」よりも「宗教性」だ。この「宗教性」

とは、自分自身の心を重んじ、他者に心を開いて、希望の光に向かって、一人ひとりが歩むことができる、自立した「精神性」「霊性」を意味している。この「宗教性」を他者や教祖に求めてしまうと「怖くて危ない宗教団体」が形成されてしまう危険性が潜んでいる。

オウム真理教の数々の凶悪な事件は、既存仏教教団に対しても、目を覚まさなければならないと警告を発した。オウム事件後、日本仏教の各宗派でも様々な取り組みが行われていると聞くが、ここでも仏教教団の働きと同時に、出家者、僧侶としての一人ひとり存在感が問われることになる。仏道を歩む一人ひとりの仏教徒が、自らを道標として存在感を顕わし、互いに励まし合う姿を示すことが、宗教の衣を借りたカルト問題への一番の希望の光である。

オウム問題は、現代社会が抱える様々な問題をあぶり出した。親子関係の問題、家庭関係の問題、個を確立して社会の中で生きるという問題、宗教性の問題、学校教育問題、政治問題、闇社会の問題、そしてカルト問題。そして、これらすべての問題は、個々人が社会の中で自立して健全に生きるというテーマに帰着する。

残念ながら、この問題に対する明確な答えは誰も持ってはいない。誰も即答することはできない。だが、誰もが常に問題から目を逸らすことなく、その問題の本質を見つめ、勇気を持って対処する「生きた人生哲学の実践」として向かい合うことが求められている。

自我の集合体である現代社会自体が、無明から生じた「虚妄の霊」という「魔」を内包しているがために、個々が精神的自立を果たすことで、この「魔」を打ち払う大きな力を秘めている。精神的自立には、「智慧という希望の光」が内在しているからだ。

あとがき

本書は、私が二〇年に及ぶオウム信者の脱会カウンセリングを通して、その体験から記された実践事例である。

私の心理カウンセリングのバックボーンは、師タルタン・トゥルクからチベット仏教に伝わるゾクチェンを修する中で、師が西洋に教え広めた仏教心理学をベースとしている。仏教心理学は、アビダルマや唯識という仏教哲学理論を基に体系付けられているが、その実践法としてはシャマタ・ビパシャナー（止観）の分析瞑想が両輪とされている。特に、師の下には多くの心理学者やゲシュタルトセラピストが集い、チベット仏教やチベット医学に伝わる瞑想ヨーガ「クムニェ」や密教の観想法などをサイコセラピーの技法として取り入れ、数々の実績や研究成果を修めている。中でも、師の長年の生徒でもあるクラウディオ・ナランホはエニアグラムのタイポロジーの権威として高名であるが、彼もまたクムニェのボディワークを重視し研究を続け、東洋哲学を西洋学問への移植を試みている。

本書でのオウム信者脱会カウンセリングの事例は、私が学んだ仏教心理学の実践活動としての位置付けである。それはまた、大乗仏教に於ける利他心を尊ぶ仏教カウンセリングとしての可能性を示すものでもあり、実践的な試みでもある。幸い、正眼短期大学で「仏教心理カウンセリング」の講義を受け持つ仏縁があり、今まで学び深めてきた仏教心理学の理論と実践をカリキュラムとして組み立てる良い機会を得たのも有り難いことであった。そして、講義の一部である「カルトカウンセリング」の内容を、このような形にまとめられたことは嬉しい限りである。

カルトからの脱会カウンセリングは理論も技法も確立してはおらず、未だ手探りでありながらも結果を求められる実践活動である。そしてオウム問題は、未だ解決していない。今も、洗脳の中に暮らす現役オウム信者を子供に持つ親の苦悩は計り知れない。オウム問題は複雑な社会の投影として、脱会カウンセリング自体が困難な問題に直面するばかりであるが、本書の実践事例が、今後のオウム信者たちの脱会を進めるカウンセラーの参考となり、脱会自立へと至るための一助となれば幸いである。

私のオウム信者脱会カウンセリングの活動は、一人の仏教徒としての生き様の提示でもあった。自分自身の二本の足で自らが立つという本来のブッダの姿勢「精神的自立」は、飛騨山奥の自然の中で自給で暮らし、自らの寺を自作するというライフスタイルが、言葉で語らずして生き方を示すことでもあった。

それは、世間から離れた「出家」ではなく、世間の中で暮しながらも世俗の価値観に染まらず仏法を求める「出離と同事」という生き方が、現代社会に於ける菩薩としての姿勢を示す実践哲学でもある。飛騨の山中での暮しは隠遁とはかけ離れた、過疎地域での濃い地元関係の中で子育てをする生活であり、ある意味では都会の生活よりも厳しい現実的な暮らしでもあるのかもしれない。そんな家庭生活が、「利他行」としてのボランティアや支援活動などを通して社会との関わり続ける上で、家族と共に成長してきたことは、まさに現代社会での仏弟子的生き方であるのだろうと思う。

オウム真理教家族の会の会長永岡弘行氏は、オウム教団からVXガス襲撃による後遺症に苦しみながらも家族の会の会長としてオウム事件以前からオウム教団と戦ってこられた。親の代弁者としての力強い声は、何よりも家族にとっての励ましになると聞く。そして、オウム信者高橋克也被告の裁判での被害者証人出廷や特別傍聴でのお忙しい中、本書に快くメッセージを添えて戴き、心より感謝の辞を申し上げたい。

最後に、厳しいチベット密教的人生修行に、私の良きパートナーとして共に歩む妻と三人の子供たちに、感謝の気持ちを心から伝えたい。本当にありがとう。

これからも、心あるダルマの道を共に一歩ずつ歩んで行こう。

二〇一五年二月　飛騨山中、極寒の秋神にて

林　久義

参考文献資料一覧

生死を超える　1986

イニシエーション　1987

マハーヤーナ・スートラ　1988

ヴァジラヤーナコース　教学システム教本　1994

ヴァジラヤーナ・サッチャ　1～10

マインド・コントロールの恐怖　スティーヴン・ハッサン 浅見定雄訳 恒友出版 1993

マインド・コントロールから逃れて 滝本太郎・永岡辰哉編著　恒友出版 1995

破防法とオウム真理教 岩波書店 滝本太郎・福島瑞穂著 1996

オウムをやめた私たち　カナリヤの会編 岩波書店 2000

カナリヤの詩　カナリヤの会編

超能力と霊能者 高橋紳吾　岩波出版 1997

洗脳撃退マニュアル　高橋紳吾 同文書院 1995

マインド・コントロールとは何か　西田公昭 紀伊国屋書店 1995

信じるこころの科学　西田公昭 サイエンス社 1998

マインドコントロールからの解放　オウム真理教信徒救済ネットワーク編著　三一書房 1995
あなたはどんな修行をしたのですか？　NCC 宗教研究所　新教出版社 2004
カルトからの脱会と回復のための手引き　日本脱カルト協会編 遠見書房 2009
オウム真理教の軌跡　島薗進 岩波書店 1995
カルトで傷ついたあなたへ　マインド・コントロール研究所 いのちのことば社 1999
カルトから家族を守る　楠山泰道・貫名英舜 毎日新聞社 2000
自由への脱出　マデリン・ランドー・トバイアス 南暁子 上牧弥生訳 中央アート出版 1998
救世主の野望 オウム 真理教を追って　江川紹子 教育史料出版会 1991
オウム真理教追跡 2200 日　江川紹子 文芸春秋社 1995
魂の虜囚　オウム事件はなぜ起きたか　江川紹子 中央公論新社 2000
麻原彰晃を信じる人々　大泉実成　洋泉社 1996
オウム帝国の正体　一橋文哉 新潮社 2002
オウム真理教と北朝鮮の闇を解いた　高沢皓司 週刊現代 1999
オウムからの帰還　高橋英利 草思社 1996
日本社会がオウムを生んだ　宮内勝典・高橋英利 1999
オウムと私　林 郁夫 文藝春秋 1998

麻原おっさん地獄　田村智・小松賢寿 朝日新聞 1996
都子聞こえますか オウム坂本一家殺害事件父親の手記　大山友之 新潮社 2000
松本サリン事件報道の罪と罰　浅野健一・河野義行 第三文明社 1996
それでも生きていく　地下鉄サリン事件被害者の会 サンマーク出版 1998
成就者たち　佐木隆三 講談社 2000
約束された場所で underground<2>　村上春樹 文芸春秋 1998

終末と救済の幻想 オウム真理教とは何か　ロバート・J・リフトン 渡辺学訳 岩波書店 2000
オウム真理教の精神史 - ロマン主義・全体主義・原理主義 -　大田俊寛 春秋社 2011
中沢新一批判、あるいは宗教的テロリズムについて　島田裕巳 亜紀書房 2007
「呪い」を解く　鎌田東二 文春文庫 2013
虹の階梯ーチベット密教の瞑想修行　ラマ・ケツンサンポ・中沢新一 平河出版社 1981
イマーゴ臨時増刊総特集オウム真理教の深層　青土社 1995
「狂気がなければ宗教じゃない」中沢新一麻原彰晃対談　ＳＰＡ！扶桑社 1989
「新興宗教ブームは悪なのか」中沢新一麻原彰晃対談　ＢＲＵＴＵＳマガジンハウス 1991
宝島３０　僕と中沢新一さんのサリン事件　宝島社 1996
オウム法廷１巻～１３巻　降幡賢一 朝日新聞社 1998~

検証・オウム真理教事件　瀬口晴義 社会批評社 1998
オウム真理教大辞典　西村 雅史・宮口 浩之 東京キララ社 2003
内外情勢の回顧と展望　公安調査庁
性格と神経症―エニアグラムによる統合　クラウディオ ナランホ 柳 朋子訳　春秋社 1997

織田信長の高野山攻めにおける調伏祈祷と高野山客僧　三好英樹 智山學報 2012
般若心経・金剛般若経　中村元・起野一義訳 岩波文庫 1960
ブッダ 神々との対話 サンユッタ・ニカーヤ1　中村元訳 岩波文庫 1986
ブッダ 悪魔との対話 サンユッタ・ニカーヤ2　中村元訳 岩波文庫 1986
法華経（上中下）　坂本幸男・岩本裕訳 岩波文庫 1976
秘密集会タントラ和訳　松永有慶訳 法蔵館 2000
臨済録　入矢義高 岩波文庫 1989
静寂と明晰　林久義訳 ダルマワークス 1992
松本智津夫の迷走　林久義 大法輪 1996
オウム信者のカウンセリングを通しての一考察　林久義 駒沢大学曹洞宗教化学研修大会 1996
間違ったチベット仏教 松本智津夫の悪人正機　林久義 中日新聞 1998

著者／林久義

1959年、岐阜市生まれ。

法政大学社会学部卒。教員を経て、渡米。

米国カリフォルニアのオディヤン寺院にて、タルタン・トゥルクからチベット仏教ニンマ派に伝わるゾクチェン瞑想、開かれたビジョン「時間、空間、知識 (TSK)」を学ぶ。

仏教心理学の理論と実践、瞑想ヨーガクムニェなど、各地でセミナーや講座を行っている。

1995年のオウム事件以後、オウム信者の脱会カウンセリングを行っている。


「集中力、発想力、実現力」企業研修講師。

障害者就労支援団体でのカウンセリング。

病院での入院患者へ瞑想ヨーガ指導、メンタルヘルス講師。

正眼短期大学非常勤講師「仏教心理カウンセリング」講義担当

訳書
・静寂と明晰　チベット仏教ゾクチェン修習次第
・秘められた自由の心　カリフォルニアのチベット仏教
・夢ヨーガ　チベット仏教 至宝の瞑想
著書
・慈雨の光彩 オンマニペメフン　チベット仏教観世音菩薩成就法

http://oddiyana.com

オウム信者脱会カウンセリング
ー虚妄の霊を暴く仏教心理学の実践事例ー

2015年3月21日 初版第1刷発行

著者 林久義
発行者 林まき
発行元 有限会社 ダルマワークス
〒500-8241 岐阜県岐阜市領下1675
Tel 050-5848-2120
E-mail padma@oddiyana.com
発売元 株式会社 星雲社
〒101-0012 東京都文京区大塚3-21-10
Tel 03-3947-1021
Fax 03-3947-1617
印刷製本 株式会社 ファインワークス

ISBN978-4-434-20399-2 C0015

ダルマワークスの本　（星雲社発売）

● 静寂と明晰　― チベット仏教ゾクチェン修習次第 ―
著 : ラマ・ミパム 解説 : タルタン・トゥルク 訳 : 林 久義
　19 世紀のチベットの偉大なゾクチェンの成就者であり指導者であるラマ・ミパムの短い詩に基づいて、タルタン・トゥルクが伝授、解説したゾクチェン修習次第。倶舎論、中観を理論とし、止観から禅定へと導く正法の書。

● 秘められた自由の心　― カリフォルニアのチベット仏教 ―
著 : タルタン・トゥルク 訳 : 林 久義
　自己観察、呼吸法、マントラ、観想法など、意識の目覚めへとあなたを導く、チベット転生ラマ、タルタン・トゥルクが語る、やさしい仏教心理学の理論と実践。

● 夢ヨーガ　― チベット仏教 至宝の瞑想 ―
著 : タルタン・トゥルク 訳 : 林 久義
　悟りもまた、夢の一部。やさしい仏教心理学シリーズ。現代社会において、夢の本質を考察することで直感的に空性や心の本質を理解する仏教瞑想のガイドブック。

●慈雨の光彩 オンマニペメフン　―チベット仏教観世音菩薩成就法―
著：林 久義
　観世音菩薩の秘密真言「オンマニペメフン」は、六道、六種根本煩悩、五智如来、チャクラなど、内なる多次元意識を開く鍵です。観音様の慈悲の光は遍く衆生に降り注ぎ、目覚めた意識を開いてゆきます。やさしいチベット仏教入門書。